10 RAZÕES PARA SER ESPÍRITA

JOSÉ CARLOS LEAL

10 RAZÕES PARA SER ESPÍRITA

3ª edição

NOVO SER EDITORA

10 RAZÕES PARA SER ESPÍRITA

Editor: *Cláudio Luiz Brandão José*
Assistente editorial: *Kátia Biaia*
Capa e diagramação: *Rogério Mota*
Revisão: *Luciana Peres*
3ª edição: *2014*
Impresso no Brasil *Printed in Brazil*

NOVO SER EDITORA

Rua Divisória, 10 – sala 307 – Bento Ribeiro
CEP 21331-250 – Rio de Janeiro – RJ
Tel.: 21 3017-2333 e 2146-0514
www.novosereditora.com.br

DADOS INTERNACIONAIS PARA CATALOGAÇÃO NA PUBLICAÇÃO (CIP)

L471 Leal, José Carlos, 1940- .
Dez razões para ser espírita / José Carlos Leal. — 3.ed. — Rio de Janeiro : Novo Ser, 2014.

174p.; 21cm.

ISBN 978-85-63964-17-5

1. Espiritismo. I. Título.

CDD- 133.9013

JOSÉ CARLOS DOS SANTOS MACEDO – BIBLIOTECÁRIO CRB7 N.3575

SUMÁRIO

Palavras Iniciais

Tenho escutado muitas pessoas falarem que toda religião é boa, pois todas elas falam de Deus, pregam o bem e ensinam os princípios da virtude. Isso, porém, é apenas meia verdade, já que não basta falar em Deus e pregar o bem e a virtude para ser uma boa religião. Se assim o fosse, o mundo estaria bem melhor do que está, uma vez que não existem sociedades ateias e que não preguem a virtude. Em nome de Deus, inclusive usando o slogan "Deus o Quer", a Igreja Católica invadiu o Oriente, durante as Cruzadas. Com o pretexto de libertar o túmulo do Cristo, então sob o domínio Maometano, e muito sangue cristão e muçulmano foi derramado inutilmente. Em nome de Deus, os católicos massacraram os protestantes na triste e famosa noite de São Bartolomeu. Em nome de Deus, a Igreja Católica espanhola abençoou a obra perversa de Cortez e Pizarro, que destruiu cruelmente duas grandes civilizações. Por fim, ainda em nome de Deus (Alah), radicais islamitas, não faz muito tempo, puseram abaixo as torres gêmeas de Nova Iorque, levando à morte milhares de pessoas. Não nos esqueçamos de que a religião cristã e a do Islã acreditam em Deus, pregam a virtude e a prática do bem. Isso parece indicar que o problema das religiões não é exclusivo de suas doutrinas, mas da maneira como os religiosos as interpretam.

Outra questão é a de que as pessoas, em geral, imaginam que a religião existe para resolver os seus problemas e acreditam que Deus lhes possa dar coisas como: saúde, dinheiro, emprego, bom casamento, filhos sadios e livrá-los de todos os males desta vida; assim, essas pessoas consideram como boa a religião que atende às suas dificuldades. Quando suas vidas se tornam mais difíceis e os problemas crescem sem esperança de solução, trocam de religião em busca de um credo que lhes dê o que falta. Já ouvi pessoas dizerem que deixaram um determinado centro porque ele era "muito fraco" uma vez que não lhes resolveu os problemas. Já vi também católicos que deixaram a igreja por falta de simpatia para com o padre, e protestantes que se afastaram de seus templos pelo mesmo motivo.

Esse tipo de religioso vive como se nada mais existisse além desta vida e, quando questionam a vida além da sepultura, se satisfazem com as explicações dogmáticas que envolvem o conceito de céu, inferno, purgatório, salvação ou perdição. Não possuem inquietações intelectuais maiores, porque toda a verdade deste e do outro mundo se encontra na Bíblia, no Corão ou em outro livro sagrado qualquer, considerado revelação do próprio Deus.

Desse modo, essas pessoas não refletem sobre a verdadeira função das religiões, que não é cuidar do corpo, mas da alma. O principal objetivo da verdadeira religião é a reforma íntima dos indivíduos, o que não se consegue com dogmas, rituais, cultos e outras formas exteriores de religiosidade. Uma verdadeira reforma interior tem a sua origem na convicção racional, nascida da especulação filosófica autêntica, confirmada pelo método científico, o único meio de nos libertar da mentira e da ignorância. Já disse o Cristo certa vez: "Procurai a verdade e a verdade vos tornará livres."

É importante lembrar ao leitor que este livro não tem por finalidade discutir, polemizar sobre matéria religiosa e nem mesmo apresentar o Espiritismo como a melhor religião. Pretendo aqui colocar as dez questões que me fizeram passar do Materialismo para a religiosidade. Sem dúvida, como esse texto tem por público alvo os espíritas, ele não é um instrumento de conversão, mas de reforço àqueles que já possuem esta convicção.

Primeira Razão – A Questão de Deus

Deus é o alfa e o ômega de todas as filosofias e o centro de todas as religiões. Todos os povos, por mais primitivos que sejam, possuem a crença em um ser superior, que criou os homens e os demais seres e que vela sobre a sua criação com a solicitude de um pai amantíssimo. A primeira noção de Deus nasceu, por certo, da observação dos fenômenos naturais, muitos deles poderosos, aterrorizantes, que não podiam ser controlados pelas ações humanas. Deveria, portanto, haver um ser ou seres que fossem responsáveis pelos ventos e pela chuva, pelos terremotos e maremotos, pelas doenças e, por fim, pela morte. Como os fenômenos naturais eram em grande quantidade, muitos eram os deuses responsáveis por eles. Foi desse modo que nasceu o politeísmo, ou seja, a crença em vários deuses. Essa forma de religião tornou-se comum para a maior parte dos povos antigos ditos civilizados.

Esses homens que buscavam entender a realidade ao redor, era natural que as divindades, por eles criadas, tivessem a forma e o comportamento humanos. A esse fato se dá o nome de antropomorfismo, palavra de origem grega com a qual se denomina a crença em deuses que possuem forma humana. O antropomorfismo foi algo comum a todas as religiões antigas tanto no Ocidente como no Oriente. O modelo antropomórfico mais interessante e bem definido é o antropomorfismo grego. Os deuses desse povo, como muitos já o disseram com razão, são seres humanos elevados à condição de divindade.

O lugar onde os deuses gregos moravam era chamado Monte Olimpo. Lá, como em qualquer comunidade terrena, havia lautos banquetes, festas, reuniões sociais e políticas. Nesse lugar, os deuses se alimentavam de néctar e ambrosia. Se cansados, iam ao Olimpo descansar. Tamanha era a semelhança entre os deuses e os homens na mitologia grega que um deus poderia engravidar uma mulher mortal e uma deusa ser engravidada por um homem, demonstrando, sem sombra de dúvida, que a biologia de ambos era a mesma.

Muitas vezes desacreditamos os deuses antigos, escrevendo a palavra deus em letra minúscula, como para designar que a divindade dos antigos era falsa, em oposição ao nosso Deus com letra maiúscula. Ao fazermos isso, estamos nos esquecendo que o nosso Deus, o mesmo Deus da Bíblia, é tão antropomorfo quanto os das antigas mitologias. Iaweh é ciumento, vingativo, inseguro, contraditório, facilmente irritável, arrepende-se de ter criado o homem e resolve destruí-lo por meio de um dilúvio, mas, em seguida, arrepende-se e escolhe um justo e sua família para salvar; teme que o homem chegue a ele por meio de uma torre e confunde as línguas humanas; entra em luta com Jacó e quase perde; assim por diante. Esse Deus chegou aos nossos dias tanto no Catolicismo como no Protestantismo, carregando consigo as características antropomórficas dos tempos primitivos.

No Espiritismo as coisas mudam por completo. A questão número um de **O livro dos Espíritos** é: "Que é Deus?" E a resposta é das mais interessantes: "É a inteligência suprema, causa primeira de todas as coisas". Tanto a resposta quanto a pergunta eliminam por completo a ideia antropomórfica da divindade. Em primeiro lugar é usado o pronome interrogativo que e não quem. São diferentes. O interrogativo é neutro, usado para coisas e não como o pronome quem que é pessoal. Ao perguntar o que é Deus, estamos desantropomorfizando a possível resposta, que, por sua vez, nos informa ser Deus uma causa e não um ser. Aqui estamos bem longe do Credo Católico, que ao ser aberto, nos diz: "Deus Pai todo poderoso, criador do Céu e da Terra, possui um filho único, chamado Jesus Cristo, que está sentado à sua direita..." Assim, o Espiritismo, ao afirmar que Deus é uma causa, está a nos dizer que ele não é material. E saber que ele é uma causa, um princípio inicial, é a única informação que dele podemos ter com alguma segurança.

Segunda Razão – A Questão do Mal

Desde que o mundo é mundo, o mal possui uma presença objetiva, concreta e permanente, quer na sua forma natural: inundações, terremotos, vulcões, epidemias, que, não raro, assumem o caráter de provações coletivas; quer na sua forma individual, a que, normalmente, chamamos de infelicidade, que inclusive pode ser causada por fenômenos naturais.

A convivência do homem com o mal e com a sua manifestação concreta, a dor e o sofrimento, levou-o a especular sobre a origem do mal. A primeira resposta surgida foi esta: ele tem a sua origem nos deuses; daí a necessidade das preces para contatar-se com eles, as oferendas para apaziguá-los e os mitos para explicá-los.

Para as culturas antigas, o mal resulta da conduta humana que se afasta da divindade, sendo a dor uma punição para esse desvio. Um exemplo muito claro se encontra no canto primeiro da **Ilíada**, de Homero. Nesse relato, o poeta conta que, durante um cerco à Ilion (Troia), caiu sobre os gregos uma peste que matava homens e animais. Para que se compreenda melhor esta passagem, precisamos voltar a alguns dias antes de a peste ter chegado. Então, Agamêmnon, Comandante, chefe dos aqueus (nome que os gregos têm no poema), invadiu uma pequena cidade que ficava nas proximidades do acampamento grego.

Nela havia um templo dedicado ao deus Apolo, cujo sacerdote chamava-se Krisis. Agamêmnon, ao deixar a cidade saqueada, leva consigo Kriseida, filha do sacerdote. Muito triste, Krisis vai ao acampamento dos aqueus e pede a Agamêmnon, humildemente, que lhe devolva a filha. O Atrida,[1] além de não atender o velho sacerdote, humilha-o grosseiramente. Em certo momento, vendo o sacerdote todo paramentado e com as cores do deus, Agamêmnon faz uma ultrapassagem ao dizer debochado: "E de nada adiantarão para ti as bandeirolas do deus". Foi por causa dessa ofensa que Apolo enviou a peste contra os deuses.

Todos nós conhecemos o mito de Édipo e sabemos que, no início dessa narrativa, Laio vai ao oráculo de Apolo para interrogar o motivo da esterilidade de Jocasta, sua esposa. O oráculo lhe diz que ele será pai, mas o filho que vai nascer matará o pai e se casará com a mãe. O que de fato acontece ao final do mito. A pergunta que se faz é: por que um destino tão ruim coube a Édipo? Eis a resposta: Laio, pai de Édipo, deixando Tebas por motivos políticos, pediu asilo na corte de Pelops. Lá, desrespeitou as sagradas leis da

---

[1] **Atrida**: Nome que se dá a Agamenon por ser filho de Atreu.

hospitalidade, ofendendo a deusa Hera. Essa é a razão por que Laio será castigado, perdendo a vida nas mãos do próprio filho. Quanto a Édipo, ele é punido por ser contaminado pela maldição do pai.

Iahweh, ou Jeová, não é diferente dos demais deuses míticos; ele castiga com duras penas os desvios, por menores que sejam. Pelo simples fato de a mulher de Lot ter olhado para trás quando fugia de Sodoma, ele a transforma em estátua de sal. Ao constatar que a humanidade havia se desviado do caminho por ele traçado, manda o dilúvio universal, cujo objetivo era destruir a espécie humana por ele mesmo criada. Por causa da atitude do faraó egípcio de reter em seu reino o povo de Israel, envia contra o povo do Nilo dez pragas terríveis, que atingem homens e animais. Nem seu próprio povo escapa à sua ira, pois diversas vezes ele o entrega nas mãos de seus inimigos, que o submetem a mais dura escravidão.

Com a evolução do pensamento religioso judaico-cristão e o surgimento da Teologia houve a necessidade de atribuir à divindade predicativos que lhe seriam essenciais. São estas qualidades: a onipotência, a onipresença e a onisciência, que o capacita tudo poder, tudo saber e estar em todos os lugares ao mesmo tempo. Acrescentam-se ainda qualidades como a bondade, a justiça, o amor elevadas ao infinito. Surgiu então, ainda no início do Cristianismo, a seguinte questão: como um deus infinitamente bom e justo poderia ter criado o mal?

Esse problema era pré-cristão. Já Epicuro de Samos (341-270 a.C), quando ensinava sua filosofia nos jardins, levantou a seguinte questão: Deus quer acabar com o mal e não pode, ou pode e não quer. No primeiro caso, é impotente, e, no segundo, é mau. A solução encontrada por Epicuro foi dizer que os deuses existem e são feitos de átomos sutilíssimos, porém vivem em regiões longínquas no Espaço infinito, despreocupados com os negócios humanos. Com essa resposta, Epicuro preserva a divindade de fazer o mal e a torna muito feliz uma vez que não lhe atingem as dores e os problemas dos seres por ele criados.

Foi essa ideia que, no século XIX, o poeta baiano Antônio Castro Alves, em sua luta contra a escravatura, retomou em um poema intitulado Vozes D'África, no qual, em versos condoreiros, ele faz o Continente Negro dizer:

> Deus, ó Deus, onde estás que não respondes?
>
> Em que sol, em que estrela tu te escondes?
>
> Embuçado nos céus?
>
> Há dois mil anos te mandei meu grito.
>
> Que, embalde, desde então, corre o infinito,
>
> Onde estás? Onde estás, Senhor Deus?

Neste notável poema, o Poeta dos Escravos dá voz à África, questionando Deus sobre o problema da escravidão. Deus, não tendo argumentos para responder à sua indagação, esconde-se, "embuçado nos céus". Nesse texto, volta-se ao caso anterior: Deus quer acabar com a escravidão e não pode; ou pode, mas não quer.

Para resolver-se essa questão, na Idade Média, a Igreja Católica tomou do profeta persa, Zoroastro, ou Zaratustra, a ideia do diabo como um ser metafísico que faz oposição a Ormusd, o deus do bem no Zoroastrismo. Assim, transfere-se a responsabilidade do mal de Deus para o demônio.

Essa não foi uma boa solução, uma vez que leva a outra questão, não menos grave: quem criou o diabo? A resposta era extremamente simples: sendo Deus o criador de todas as coisas que existem, e, aceitando-se que o diabo exista, não há como escapar à conclusão: Deus criou o diabo. Essa afirmação levaria a outro questionamento: como Deus, sendo infinitamente bom, poderia ter criado o diabo, que é essencialmente mau?

A Igreja responde a essa questão com outro mito: o diabo não era mau, mas um anjo muito bonito, chamado Lúcifer, que significa o portador da luz. Lúcifer teria comandado uma rebelião ou motim no céu, colocando a morada de Deus em perigo. Por isso, foram convocados os exércitos celestes, que, vencendo os revoltosos, abafaram o movimento. Deus, então, expulsa do céu Lúcifer e seus anjos para um lugar subterrâneo, chamado inferno. Esse argumento não resiste à menor análise. Se Lúcifer ficou insatisfeito a ponto de se rebelar, ele tinha motivos. Ou não teria? Se houve motivos, Deus não seria perfeito, porque não se pode rebelar contra a perfeição. Se não havia motivos, o anjo tinha em si mesmo a semente da rebeldia e não era perfeito. E Deus, sendo perfeito, não poderia criar um ser imperfeito. Logo, trata-se apenas de um mito, e não se pode exigir racionalidade de um mito. Mais à frente examinaremos esse tema com maior profundidade

Outra tese dos teólogos relacionada à presença do mal no mundo é a do pecado original, que se encontra na Bíblia. Segundo o livro Gênesis, Deus, nos primórdios do mundo, criou todos os seres vivos e, ao final da criação, para coroar a sua obra, do limo da terra, criou o homem, o qual ele chamou Adão. Em seguida, colocou a sua criatura em um jardim de delícias chamado Éden, a fim de que fosse feliz para sempre. Mais à frente, Deus chega à conclusão de que o homem estava infeliz porque estava só e, para diminuir essa solidão, criou a mulher, extraindo-a da costela de Adão. Chamando-a de Eva.

O casal primitivo passou a viver no paraíso sem maiores problemas, até que Lúcifer, ou um de seus anjos, tomando a forma de uma serpente, entra nesse lugar e conta para Eva que havia uma árvore plantada no meio do paraíso: a árvore do conhecimento, sobre a qual existia um tabu imposto por Deus, que punia com a morte aquele que o violasse.

A serpente, contudo, contesta esse tabu, revelando que se o casal comesse do fruto da árvore, não morreriam, e seriam como os deuses. Eva acreditou na serpente e comeu do fruto, levando seu marido a fazer o mesmo. Depois de terem violado o interdito, os olhos do casal se abriram e, percebendo que estavam nus, envergonharam-se e se esconderam dos olhos de Deus.

Não demorou muito, Deus, descendo das alturas insondáveis, veio ao paraíso, procurando por Adão. Encontrou o casal escondido e assustado. Logo percebeu que eles haviam violado o tabu e, irado, amaldiçoou os personagens do drama edênico: Adão, Eva e a serpente. Em seguida, os expulsou do paraíso, colocando, na entrada do jardim, maravilhosos querubins com espadas de fogo, para que ali não mais pudessem voltar.

Foi assim que, segundo a Bíblia, o mal entrou no mundo com seu cortejo de dores e sofrimentos e nos contaminou a todos. Segundo esse modo de ver, nós, homens modernos, sofremos ainda por causa do pecado de nossos pais. Uma prece católica muito antiga diz:

> Salve Rainha, mãe de misericórdia,
>
> Vida, doçura e esperança nossa, salve!
>
> A vós bradamos, os degredados, os filhos de Eva.

> A vós suplicamos, gemendo e chorando neste vale de lágrimas...

Repare a expressão "os degredados, os filhos de Eva", a palavra degredados se refere àquele que se encontra em degredo, afastado, castigado por graves desvios morais. Repare que o texto nos coloca como descendentes de Eva, o personagem maldito, responsável pela perda do paraíso por ter ouvido a serpente.

Eu era ainda menino quando ouvi essa história pela primeira vez, contada por minha mãe, e, mesmo sem maior capacidade de crítica, não acreditei nela. Mais à frente, um pouco mais maduro intelectualmente, ocorreram-me as seguintes questões: Por que Deus permitiu que o demônio tentasse Eva? Por que Deus puniu Eva sem considerar que ela, um espírito inexperiente, não teria a menor chance contra um anjo tão poderoso como Lúcifer? Por que Deus teria colocado um tabu sobre a árvore do conhecimento, se é o conhecimento que nos torna seres humanos? Por que Deus puniu a serpente (animal), se quem praticou o mal foi o demônio? Outras questões podem ainda ser levantadas em virtude da falta de racionalidade desse mito.

Podemos, agora, apresentar a explicação espírita para o mal e o sofrimento. Em **O evangelho segundo o Espiritismo**, Allan Kardec, instruído pelos espíritos da codificação, afirma que as vicissitudes desta vida têm origem em duas fontes diversas: na vida presente e na vida passada. Quando se reflete, com honestidade, sobre a causa dos males terrenos, percebemos que a grande maioria das dores por que passam os homens têm origem no comportamento insensato do indivíduo sofredor. Não é pequeno o número de pessoas que sofrem por própria responsabilidade, imprevidência, orgulho e ambição. Vejamos o texto do próprio Kardec:

> Quantas uniões infelizes, fruto do interesse e da vaidade e nas quais o coração não serviu para nada!
>
> Quantos desentendimentos e desastrosas disputas se evitariam com um pouco mais de calma e com menos melindres!
>
> Quantas doenças e enfermidades resultam da imprudência e excessos de toda ordem!
>
> Quantos pais são infelizes por causa dos filhos, por não combaterem neles desde pequeninos as manifestações de suas más tendências! Por indiferença e comodismo, deixaram desenvolver neles os germens do orgulho, do egoísmo e da tola vaidade, que ressecam o coração.[2]

A primeira observação que se pode fazer sobre a teoria espírita é a ausência de Deus ou do diabo como causas dos males que nos acometem. Em um primeiro momento, fica claro que os sofrimentos resultam do mau uso de nosso livre-arbítrio. A vida, em geral, é boa

---

[2] KARDEC, Allan. **O evangelho segundo o Espiritismo**. Disponível em: http://www.espirito.org.br/portal/download/pdf/ese/ . Cap. V, item 4.

ou má de acordo com as nossas escolhas. Se escolhemos bem, evitamos o sofrimento; se escolhemos mal, convidamos o sofrimento para sentar-se à nossa mesa. Aqui se aplica perfeitamente o antigo adágio: "Colhemos o que plantamos. Quem planta ventos colhe tempestades".

Uma jovem conhece um rapaz que é um péssimo filho, não trabalha, não estuda, é vaidoso, arrogante e violento. A moça, sem querer ouvir conselhos de ninguém, decide casar-se com ele, e esse casamento, como não poderia deixar de ser, torna-se para ela verdadeiro suplício. De quem é a culpa? Parece-me que de mais ninguém, a não ser dela mesma. Ela estava livre para escolher entre casar e não casar. Um rapaz pode escolher estudar ou não estudar; preparar-se para a vida ou deixar que ela o carregue como se ele fosse uma folha solta ao vento. Escolhe a alternativa do despreparo. Vive uma vida difícil, desempregado, passando necessidades com os filhos que conseguiu insensatamente. A quem culpar senão sua decisão de não se preparar para a vida adequadamente? Exemplos semelhantes podem se multiplicar quase que infinitamente.

É essa forma de encarar o mal que Jesus assume. O Cristo acredita que o mal está relacionado fortemente com o pecado, visto não como uma ofensa à divindade, mas como um desvio do reto caminho. Por esse motivo, ele diz ao aleijado de Betesda: "Vai e não peques mais para que coisa pior não te aconteça" e à adúltera: "Vai e não peques mais."

A segunda fonte de sofrimento, conforme a Doutrina dos Espíritos, encontramos nas vidas passadas. Imaginemos, então, que um casal espere um filho com grande expectativa. Passam-se os 270 dias próprios da gestação e nasce uma criança cega, surda, muda ou com necessidades especiais. Supondo-se que a criança não tenha pecados e que não tenha escolhido mal em nenhum momento, pergunta-se: por que ela nasceu sob tão grande sofrimento? Já vimos a ingenuidade da tese do pecado original. Qual seria a outra explicação? De fato, ela sofre porque Deus quer, porém, como Deus pode querer o sofrimento de uma criança? Assim, só nos resta uma explicação: a criança nasceu com problemas porque em vidas passadas ela cometeu delitos contra a lei divina e nesta vida está sofrendo o resultado de sua má conduta; em outras palavras, está colhendo aquilo que plantou. A semeadura é livre, mas a colheita é obrigatória. Revisitemos o texto de Allan Kardec.

> No entanto, em virtude do axioma "todo efeito tem uma causa", essas misérias são efeitos que devem ter uma causa e, desde que se admita um Deus justo, esta causa deve ser justa. Ora, como a causa sempre precede o efeito, já que ela está na vida atual, deve ser anterior a esta, isto é, pertencer a uma existência precedente. Por outro lado,

> Deus não pune o bem que se fez nem o mal que não se fez; portanto, se somos punidos, é porque fizemos o mal. Se não fizemos o mal nesta vida, nós o fizemos em outra. Esta é uma alternativa a que é impossível escapar e, na qual, a lógica nos diz de que lado está a justiça divina. [3]

Assim, por meio da teoria reencarnatória, sabemos que voltamos a viver na Terra para reciclar as nossas atitudes e nos reconciliar com a lei de Deus, que violamos em existências anteriores. A dor e o sofrimento são, portanto, instrumentos de nosso progresso e, assim, aquilo que temos na conta de um mal, em verdade, pode ser um bem. Um homem que nasceu paralítico pode ter, inclusive, escolhido esse corpo porque se estivesse em um corpo saudável poderia voltar a praticar os mesmos erros anteriores. Visto desse modo, o sofrimento é uma espécie de buril ao qual se submete a pedra bruta antes de se tornar uma bela joia. É Allan Kardec quem nos explica:

> Os Espíritos só podem alcançar a perfeita felicidade quando são puros: qualquer impureza lhes impede a entrada nos mundos felizes. É como se fossem os passageiros de um navio atingido pela peste, aos quais a entrada numa cidade é interditada até que eles estejam descontaminados, purificados. Nas suas diversas existências corporais

---

[3] KARDEC, Allan. **O evangelho segundo o Espiritismo**. Disponível em: <http://www.espirito.org.br/portal/download/pdf/ese/ > Cap. V, item 6.

é que os Espíritos se livram, pouco a pouco, de suas imperfeições. As provas da vida fazem avançar quando são bem suportadas. Como expiações, elas apagam as faltas e purificam. São os remédios que limpam a chaga e curam o doente; e quanto maior o mal, mais o remédio deve ser eficiente. Aquele, pois, que sofre muito deve dizer que tinha muito a expiar e se alegrar de ser curado logo. Depende dele, de sua resignação, tornar esse sofrimento proveitoso e não perder o seu fruto pelas lamentações. Caso contrário, terá de recomeçar.[4]

O SOFRIMENTO NA OUTRA VIDA

Por fim, devemos ainda levar em consideração outra lição proveniente dos espíritos: o sofrimento não é exclusivo da vida material, pois continua, não raro, muito mais forte na vida espiritual. No livro **Ação e reação**, escrito por André Luiz, com o concurso do médium Francisco Cândido Xavier, existe um relato muito interessante que vale a pena trazer aqui. A história se passa em uma casa de atendimento na espiritualidade, dirigida por um espírito chamado Druso. André está ali com outros companheiros em tarefa de aprendizado. Em certo momento do relato, Druso faz necessários esclarecimentos aos seus aprendizes.

---

[4] KARDEC. Op. Cit. Disponível em: <http://www.espirito.org.br/portal/download/pdf/ese/ > Cap. V, item 10.

No momento em que Druso faz a preleção, um servidor da casa entra no recinto e informa ao diretor que o enfermo recolhido na noite passada fora instalado no gabinete de socorro magnético, aguardando intervenção salutar. Druso questiona a condição do doente, quer saber se ele recuperou a consciência e se disse alguma coisa. O funcionário informa que de instante a instante solta gemidos. O diretor da Mansão pergunta se foi possível identificar o sofredor, a resposta é não.

Druso convida André e o seu acompanhante a ir até onde se encontra o enfermo, para que aprendam direta e objetivamente sobre a vida do outro lado, ou ainda sobre a lei de ação e reação. Os dois amigos chegam, acompanhados de Druso, ao local onde se encontra o sofredor e ficam pasmados com a aparência disforme, quase monstruosa e repelente do desencarnado. O diretor explica que aquela criatura fora trazida ali por uma das expedições socorristas e ainda não pudera ser identificado. O máximo que Druso pode dizer sobre ele é que caíra, muito provavelmente, vítima de uma terrível obsessão. André pergunta se poderia saber com mais detalhes a causa da situação em que o homem se encontrava. O mentor, então, faz um elucidativo comentário:

> — O fenômeno, todo ele, é de natureza espiritual. Recorda-se você de que a dor no veículo físico é um acontecimento real no encéfalo, mas puramente imaginário no órgão que supõe experimentá-la.

> A mente, através das células cerebrais, registra a desarmonia corpórea, constrangendo a urdidura orgânica ao serviço, por vezes torturado e difícil, do reajuste. Aqui, também, o aspecto anormal, até monstruoso, resulta dos desequilíbrios dominantes na mente que, viciada por certas impressões ou vulcanizada pelo sofrimento, perde temporariamente o governo da forma, permitindo que os delicados tecidos do corpo perispirítico se perturbem, tumultuados, em condições anormais. Em tal situação, a alma pode cair sob o cativeiro de Inteligências perversas e daí procedem as ocorrências deploráveis pelas quais se despenha em transitória animalização por efeito hipnótico.[5]

O texto deixa claro que as deformações do perispírito do desencarnado resultam do trabalho doentio da mente em desequilíbrio. Nesse estado, a alma fragilizada pode cair sob o império de inteligências perversas subjugadoras de sua vítima, que, de certo modo, é cúmplice sem ter o conhecimento da existência desses espíritos perversos. Sob o poder dessas forças, a própria forma perispirítica pode se desorganizar e tomar o aspecto horrendo do desencarnado de que o texto trata. Urgia, porém, que o enfermo fosse atendido e, por isso, André desiste de voltar a inquirir Druso, para que ele possa prestar a necessária ajuda ao irmão caído.

---

[5] Andre Luiz. **Ação e reação**. Psicografado por Francisco C. Xavier. 20.ed. Rio de Janeiro: FEB. p.17.

Druso, então, inclina-se amorosamente sobre o corpo do enfermo, que dorme dominado pelo efeito de cruel hipnose produzida por inimigos que implantaram em sua mente crudelíssimas recordações, funcionando como espinhos que rasgam o psiquismo do doente, causando-lhe dores morais penosas. André, não podendo evitar a sua curiosidade, pergunta se um sofrimento daqueles poderia não ter causa justa.

O Instrutor, solícito, explica que todo sofrimento tem a sua origem na culpa; entretanto, abre uma exceção para os espíritos muito evoluídos, como por exemplo, Jesus, elege o sacrifício próprio, o apostolado do amor ajudando os companheiros de humanidade a alçarem voo para as belas paragens dos mundos superiores. Assim, aquele irmão que sofre, sofre por ter acumulado débitos escabrosos que o levaram ao estado de miserabilidade em que se encontra.

Como o doente, ainda continuava mudo, Druso sugere que se desintegrem as forças magnéticas que lhe obliteram os centros vitais na esperança de que aquele processo pudesse liberar a fala. Druso comenta que não será interessante formular apenas hipótese sobre as causas daquele sofrimento. Para se prestar auxílio verdadeiro naquele caso, seria necessário ouvir a vítima e os seus algozes, porque, de posse desses conhecimentos poder-se-ia iniciar o processo de cura.

Druso vai começar o processo de desintegração das forças magnéticas negativas. André e Hilário, pode-se dizer que instintivamente, estabelecem uma corrente de prece cuja finalidade é captar as energias benéficas que fortaleceriam Druso, ajudando-o em seu trabalho. O instrutor passa a operar magneticamente, aplicando passes no companheiro ali prostrado. Seu semblante é calmo e denota um otimismo resultante da fé em Deus.

O tratamento imposto por Druso começa a surtir efeito e o paciente passa a fazer movimentos como os de alguém que estivesse acordando de um período de sono prolongado. O Diretor continuou com o tratamento e os movimentos do enfermo se intensificaram, parecendo que iria acordar, entretanto Druso parou o processo. Hilário, ansioso por ver o homem acordar, perguntou por que o processo fora interrompido. Druso pondera que a imediata volta à realidade poderia ser desastrosa àquele espírito, mergulhando em uma indesejável crise de loucura. Depois de algum tempo, o mentor passou a atuar sobre a glote. Por fim, as pálpebras se abriram, a língua destravou-se e a voz saiu emocionada. Pedia socorro, admitia-se culpado de algo e pedia perdão a alguém. Na sua confusão mental, ele toma Druso por um juiz e se diz desejoso de falar. Druso estimulou-o. O doente, então, revela a própria identidade:

> — Sou Antônio Olímpio... o criminoso!... Contarei tudo. Em verdade, pequei, pequei... por isso é justo... que eu sofra no inferno... O fogo tortura minha alma sem consumi-la... E o remorso, bem

> sei... Se eu soubesse, não teria... cometido a falta... entretanto, não pude resistir à ambição... Depois da morte de meu pai... vi-me obrigado... a partilhar nossa grande fazenda com meus dois irmãos mais novos... Clarindo e Leonel... Trazia, porém, a cabeça... dominada de planos... Pretendia converter a propriedade... que eu administrava... em larga fonte de renda, contudo... a partilha me estorvava... Notei que os manos... tinham ideias diferentes das minhas... e comecei a maquinar o projeto que acabei... executando...[6]

Esse trecho chama a nossa atenção para uma ideia falsa que conservamos na Terra: "morreu, descansou". Nada mais errôneo. Quando se deixa esta vida, não só trabalhos nos esperam no plano espiritual como também a culpa com o irmão. O remorso também nos acompanha e não nos dá descanso. Do outro lado da vida, quando nos desvelamos perante nós mesmos, como é o caso do espírito, personagem da narrativa de André Luiz, a dor e o sofrimento são torturantes. Assim, é necessário não acreditar que a consequência de nossas ações acaba quando o corpo desce à sepultura; muito pelo contrário, no mundo espiritual eles crescem bem mais do que podemos supor.

O espírito desencarnado, ainda sob o império de grande emoção, prossegue sua narrativa:

---

[6] André Luiz. Op. Cit. Psicografado por Francisco C. Xavier. 20. Ed. Rio de Janeiro: FEB. p. 19.

— Admiti — continuou o enfermo com acento mais firme — que somente poderia ser feliz, aniquilando meus irmãos e... quando o inventário estava prestes a decidir-se, convidei-os a passear comigo... de barco... inspecionando grande lago de nosso sítio... Antes, porém, dei-lhes a beber um licor entorpecente... Calculei o tempo que a droga reclamaria para um efeito seguro e... quando a nossa conversação ia acesa... percebendo-lhes os sinais de fadiga... num gesto deliberado desequilibrei a embarcação, em conhecido trecho... onde as águas eram mais fundas... Ah! que calamidade inesquecível!... Ainda agora, escuto-lhes os brados arrepiantes de horror, implorando socorro... mas... de nervos dormentes... a breves minutos... encontraram a morte... Nadei de consciência pesada, mas firme em meus aloucados propósitos... abordando a praia e clamando por auxílio... Com atitudes estudadas, pintei um imaginário acidente... Foi assim que me apossei da fazenda inteira, legando-a, mais tarde, a Luis... o meu filho único... Fui um homem rico e tido por honesto... O dinheiro granjeou-me considerações sociais e privilégios públicos que a política distribui com todos aqueles que se fazem vencedores no mundo... pela sagacidade e pela inteligência... De quando em quando... recordava meu crime... nuvem constante a sombrear-me a consciência... mas... em companhia de Alzira... a esposa inolvidável... procurava distrações e passeios que me tomassem a atenção... Nunca pude ser feliz...

Quando meu filho se fez jovem... minha mulher adoeceu gravemente... e da febre que a devorou por muitas semanas... passou à loucura... com a qual se afogou no lago... numa noite de horror. Viúvo... perguntava a mim mesmo se não estava sendo joguete... do fantasma de minhas vítimas... entretanto... temia todas as referências em torno da morte... e busquei simplesmente gozar a fortuna que era bem minha...

O infeliz entregou-se a larga pausa de repouso, diante de nossa expectativa, continuando, logo após:

— Ai de mim, porém!... Tão logo cerrei os olhos físicos... diante do sepulcro... não me valeram as preces pagas... porque meus irmãos que eu supunha mortos... se fizeram visíveis à minha frente... Transformados em vingadores, ladearam-me o túmulo... Atiraram-me o crime em rosto... cobriram-me de impropérios e flagelaram-me sem compaixão... até que... talvez... cansados de me espancarem... conduziram-me a tenebrosa furna... onde fui reduzido ao pesadelo em que me encontro... Em meu pensamento... vejo apenas o barco no crepúsculo sinistro... ouvindo os brados de minhas vítimas... que soluçam e gargalham estranhamente ... Ai de mim! ... estou preso à terrível embarcação... sem que me possa desvencilhar... Quem me fará dormir ou morrer?...[7]

---

[7] André Luiz. Op. cit. Psicografado por Francisco C. Xavier. 20. ed. Rio de Janeiro: FEB, p. 19 e 20.

Aqui ficamos sabendo quem são os algozes de Antônio Olímpio: os irmãos que ele matou. São eles que vêm esperá-lo para cobrar a dívida contraída. Assim, fica claro que matar um inimigo é uma ilusão. O que se elimina não é a pessoa, mas seu corpo, a sua forma física, porque o espírito não pode morrer. Muito provavelmente Antônio, ao matar os irmãos, houvesse pensado: "estou livre deles"; mas a sua própria morte provou o quanto estava errado. Essa passagem nos lembra uma frase de Jesus: "Reconciliai-vos com os vossos inimigos enquanto tu e eles estais a caminho", ou seja, reconcilie-se com os inimigos enquanto estiver encarnado com eles, porque, depois da morte, o ódio que não foi abrandado pela reconciliação deverá continuar com intensidade ainda maior.

Druso enxugou o pranto do doente e pediu ao funcionário que o levasse para uma enfermaria especializada, onde receberia cuidados mais específicos. Nesse momento, aproxima-se outro auxiliar de Druso, para dizer que estava chegando à Mansão uma nova caravana de desencarnados

Um homem que sofre na Terra, muitas vezes implora pela morte, crendo que depois de exalar o último suspiro todas as dores cessarão. Como se enganam aqueles que pensam assim. O texto de André Luiz, que acabamos de citar, deixa muito claro que morrer pode ser muitas coisas, menos descansar. O vício nas suas mais variadas formas, a culpa, carrasco severo, as emoções desregradas, seguem o homem depois da morte e lhe causam dores pungentes, sofrimentos atrozes. Por esse motivo urge que mudemos as nossas atitudes enquanto estamos encarnados, retirando de nós a ilusão de que, depois da morte, nada nos acontecerá. A vida continua, não percamos de vista essa afirmação. E continua com as dores e alegrias que tínhamos na Terra.

Terceira Razão – A Questão da Morte

O maior dos problemas humanos, sem dúvida alguma, é a morte. O homem é o único animal que sabe que vai morrer e isso o angustia mais do que qualquer outra coisa. Ela faz parte de um cotidiano estranho, pois acontece todos os dias aos nossos olhos e, mesmo assim, não nos acostumamos com ela. Para combater a angústia da morte, ensinava Epicuro: "**Não deveis vos preocupar com a morte porque, enquanto sois, ela não é e, quando ela for, vós não mais sereis**".

É muito comum dizer-se que tememos a morte porque é da natureza humana temer o desconhecido. Essa frase, posto que muito divulgada, não é verdadeira. O desconhecido é aquilo que, por definição, não se conhece; e por isso não pode causar temor. Quando não se sabe algo, tendemos a suprir esse espaço de não-conhecimento com a imaginação. É essa construção imaginária que nos causa medo, e ela é bem nossa conhecida.

Tomemos um exemplo: não conhecemos os habitantes de outros planetas, todavia os livros, as revistas e os filmes de ficção científica nos oferecem um farto material, contudo muitas pessoas temem bastante os homenzinhos verdes de Marte; os insetos humanos de Júpiter; os vampiros de galáxias distantes; alienígenas que podem nos capturar e nos levar para as suas naves, onde nos submetem a intervenções cirúrgicas, colocando chips em nossas cabeças e fazendo os homens copularem com as fêmeas de seu planeta. Essas coisas, para nós, são bem conhecidas e é delas que temos medo. Epicuro de Samos costumava dizer: "**não tememos as coisas, mas as ideias que delas fazemos.**"

O mesmo acontece com a religião tradicional. O Materialismo nos oferece para depois da morte uma ficção que chamam de nada. E o que é o nada? O nada é um conceito vazio, um significante sem significado e, portanto, inimaginável. Por outro lado, o céu, o inferno e o purgatório não são mais animadores. Os pintores religiosos e místicos sempre descreveram o inferno como um lugar de tortura, com fogueiras enormes, almas transpassadas por lanças ou por garfos usados por demônios de forma animalesca; vales sombrios, por onde voam animais semelhantes às corujas ou aos morcegos, enquanto pavorosas serpentes com cabeça humana se arrastam pelo lodo viscoso. As pessoas, portanto, conhecem o que lhes espera depois da morte e temem morrer por isso, uma vez que tomam essas fantasias por realidades.

Podemos também ir para o céu e passar a Eternidade contemplando a face de Deus. Em que consiste, entretanto, essa contemplação? Não sabemos. Além disso, se tomarmos a palavra contemplação, em seu sentido etimológico, a alma ficaria eternamente em êxtase, olhando para Deus sem mais nada fazer. Cessam, então, as paixões, as emoções, os desejos, as lembranças da Terra e, sendo assim, não há muita diferença entre a contemplação do Catolicismo e o nada do Materialismo.

Dessa maneira, é natural que o povo veja a morte como algo muito pouco atraente, é por isso que se diz em tom de pilhéria: "Se morrer é descansar, prefiro viver cansado". Afirmações como essa mostram o grande apego que as pessoas têm à vida, apego esse proporcional ao medo que a morte lhes causa. Conheço uma professora que sente tanto medo de morrer que não permite que em sua presença se fale de morte ou se trate de qualquer tema que possa lembrá-la do final da vida. Como essa professora, conheci, ao longo de minha vida, muitas pessoas que sofrem do que se poderia chamar de tanatofobia, ou horror à morte.

Outro problema que persegue a humanidade, desde os seus primórdios, é o medo do morto. O morto é o outro, aquele que se foi, o que não mais pertence a este mundo. Assim, apesar da crença de que o morto continua a viver em outra dimensão, muitos povos primitivos acreditam que a alma dos mortos pode interferir em nosso dia a dia, para o bem ou para o mal. Devido a isso, é necessário enterrá-lo e, em alguns casos, amarrado para que não volte ao convívio dos vivos. Por esse motivo, tais povos criaram cultos para honrar seus mortos, exorcismos para afastá-los e oferendas para lhes conseguir as boas graças.

Conta-nos Sir James G. Frazer, no livro **O medo dos mortos nas religiões primitivas**, que, entre os mangar, uma tribo guerreira do Nepal, quando os parentes voltam de um funeral, mandam na frente um dos seus para erguer uma barricada de espinhos sobre a estrada, no percurso entre o túmulo e a casa onde o morto viveu. Depois de ter armado a barreira de espinhos, ele coloca ali uma grande pedra e fica à espera dos outros parentes, segurando na mão direita um vaso com incenso e, na esquerda, alguns fios de lã. Um a um os parentes vão passando sobre a pedra e são envolvidos pela fumaça do incenso.

Cada uma das pessoas toma um fio de lã e o coloca em torno do pescoço. A finalidade desta cerimônia é impedir que a alma do morto possa seguir os parentes e se estabelecer em sua antiga casa. O espírito é imaginado como tendo proporções minúsculas, sendo, portanto, incapaz de saltar sobre a barreira de espinhos. Quanto ao incenso, parece ter a finalidade de espantar o espírito no caso de ele tentar superar o obstáculo.

Entre os lakher, uma tribo do Assam, quando morre alguém, os líderes da comunidade, temendo que a alma do falecido possa entrar em suas casas e provocar algum tipo de dano, apanham um grande malho de bater arroz e o colocam ao lado da soleira da porta. O espírito, ao se aproximar da porta, vê o malho e, tomando-o por uma serpente, foge assustado. Se, entretanto, o espírito for mais atento e reconhecer o mangal, poderá ficar temeroso de que lhe desanquem as costelas e fugirá também, voltando para o lugar de onde veio.

O medo que os vivos têm dos mortos pode tomar as mais variadas formas. Conta-nos L.V. Thomas, citado por José Carlos Rodrigues,[8] que em Nova Guiné os viúvos, atemorizados pelas almas de suas esposas falecidas, costumavam andar, à noite, munidos de porretes. Em várias sepulturas Pré-Históricas havia claros indícios de que o cadáver tinha sido colocado ali amarrado. Tudo é válido para que o morto deixe a sua sepultura. Em Uganda, os polegares do morto são amarrados aos artelhos; os nossos caiapós atam os tornozelos dos cadáveres e ligam suas mãos aos joelhos. Na região do Tigre (Etiópia) amarram-se os polegares do morto ao pênis; e no Canadá (Quebec) enterra-se o morto descalço, para que ele não possa caminhar sobre o gelo.

Nós próprios, a despeito de nossa cultura sofisticada, levamos, consternados, os nossos mortos ao

---

[8] **O tabu da morte**, p.33.

cemitério; choramos, sofremos, cobrimos o corpo com flores e o cadáver com terra; depois, voltamos para as nossas casas com a certeza de que o morto ficou lá no lugar que lhe é próprio. Daí expressões como: "que a terra lhe seja leve"; "descanse em paz"; "Deus o tenha no reino da glória". Por trás dessas frases, ditas com ar compungido, está o desejo de que o morto siga o seu destino e não volte para o lado dos vivos.

Podemos ver agora como o Espiritismo entende essa questão. Em primeiro lugar, ele acabou com a morte, ensinando e comprovando que a vida continua depois dela; não no céu, inferno ou purgatório, mas em outra dimensão, que se convencionou chamar de Plano Espiritual. A morte para o Espiritismo perde o sentido clássico de extinção total do ser, de final ou de adeus para sempre. Ela é, para nós, um até logo, porque certamente vamos reencontrar nossos amigos (e inimigos) e parentes do outro lado da vida. A diferença fundamental no conceito de morte segundo o Espiritismo e os outros é que após o desencarne o espírito conserva todas as suas emoções, memória, recordações, conhecimentos. Em uma palavra: a morte nada acrescenta ou retira do espírito que deixou esta vida. Com ela o espírito perde o corpo como um homem que perde a sua roupa. E a pessoa que perde a roupa continua a ser ela mesma, já que ela não era a vestimenta, como o espírito não era o corpo.

Um exemplo dos mais interessantes ocorreu no dia 12 de dezembro de 1975, o médium Francisco

Cândido Xavier recebeu um texto de um espírito que, na Terra, havia se chamado Marcos Hideo Hayashi, que desencarnara em um acidente automobilístico na via Anhanguera no dia 9 de fevereiro de 1974. Marcos estava, na ocasião, com 12 anos de idade. Sua mensagem é muito esclarecedora sobre a vida espiritual, por isso tomamos a liberdade de transcrevê-la aqui.

> Minha querida Mamãe, meu querido Papai.
>
> Estou obedecendo ao meu avô Joaquim (1) que me trouxe para escrever.
>
> Peço para que me abençoem.
>
> Querida Mamãe, a senhora pede notícias e rogou tanto, mas tanto, perante as orações, que me vejo aqui para trazer a esperança ao seu coração e fortalecer em meu pai a confiança na vida.
>
> Não sei como fazer isso direito: escrever falando o que se passa.
>
> Meu avô está me auxiliando, mas, por dentro de mim, estou como quem traz o pensamento tropeçando na vontade de chorar.
>
> É preciso ser forte e ser um homem para receber um compromisso desses.
>
> Papai sempre nos ensinou que devemos ser valorosos com a luz da coragem na frente de nossos passos, mas é tanta dor para vencer, querida Mamãe, que eu não tenho forças para remover a situação.

Meu avô diz que não devo procurar desculpas e sim tomar o assunto sem mais demora.

Por isso, quero dizer a você, Mãezinha, para confiar em Deus e na vida.

Papai é calado e tantas vezes sem manifestações iguais às nossas (2), mas para ele também estou garatujando esta carta.

Rogo a vocês para não se deixarem dominar pelo sofrimento, embora este conselho deva ser ditado para mim mesmo.

Estamos assim como num telefone direto, em que o fio do lápis vai formando as minhas palavras, sem que eu possa receber as palavras de meus pais queridos, ao mesmo tempo.

Sei tudo o que tem acontecido. Sei, Mãezinha, que a senhora, está sendo considerada uma pessoa em perturbação mental (3).

Mas nós entendemos daqui as suas aflições..

Três filhos esmagados quase ao chegarem em casa ...

E a nossa separação de repente.

Isso transtornaria o cérebro de um gigante, quanto mais os nossos corações sempre ligados pelo carinho.

Desde que acordei aqui, ouço os seus gritos do coração suas palavras que não são faladas, suas preces de aflição no silêncio e suas lágrimas que aí na Terra ninguém vê...

Mas peço à senhora, em nome da nossa Sheilinha, do João Batista e em meu nome, para viver e viver com fé em nosso reencontro.

Mamãe, se não fosse a falta que a gente experimenta de casa, se não fosse a voz da senhora e do papai por dentro de mim, eu diria que tudo está bem.

Mas posso dizer agora que tudo melhorará, quando melhorarem na paciência e na confiança.

Estamos num parque de crianças que vieram para cá apressadamente.

Temos tratamentos, exercícios lições e muito carinho.

Muitos meninos já crescidos ajudam os menores e são auxiliares de enfermeiras queridas que nos amparam, como sendo filhos do coração.

Temos repouso, mas o repouso é atravessado pelas recordações que se fazem tão vivas como se fossem relâmpagos coloridos e parados em nossas lembranças.

Nessas telas da alma, vemos o que se passa à distância e, além disso, suas vozes, Mãezinha, nos alcançam por todos os meios.

Peço a você - que é nosso querido anjo da guarda - entregar a Deus os acontecimentos de fevereiro (5).

Não chore mais com desânimo e aflição.

A senhora, sempre carinhosa e sempre imensamente boa para nós, não choraria mais com tanta angústia se visse a nossa querida Sheila cair de aflição, querendo ir ao seu encontro sem poder (6) ...

Ajude-nos, querida Mamãe.

Aqui temos muita gente dedicada ao bem.

A Irmã Luiza nos abençoa — benfeitora que não conheci — e um santo a quem devemos chamar por Irmão Ukuru nos cerca de muito amor, quase todos os dias (7).

O tio Diogo (8) e o avô Joaquim são companheiros que tudo fazem por nosso auxílio.

De tia Maria (9) nada sei. Pergunto por ela, mas recebo apenas a notícia de que ela vai bem.

De certo modo ainda não estou muito em mim.

Se tivesse de retomar os estudos aí em casa, creio que não seria possível.

Tenho a cabeça assim aflita, como quem não saiu de um susto muito grande e não posso lembrar com muita insistência aquela Veraneio (10) e nem a nossa casa em Perus, porque me sobe uma emoção ao cérebro que dá para tontear; mas o avô Joaquim me diz que tudo vai melhorar quando a senhora e papai estiverem mais fortes.

Nós estamos todos unidos sem que eu saiba como é isso.

O pensamento é uma força, mas não sei ainda explicar o que sinto.

Mamãe, não fique parando o olhar em nossas lembranças.

Tudo o que foi nosso – de nós três – dê a outras crianças em nosso nome.

Ficará para nós o coração inteirinho, porque a senhora, papai, João Batista, Sheila e eu não nos separamos.

Peça energias para nós nas preces do seu carinho de sempre.

Mamãe, as lágrimas são forças de Deus em nossa vida, e por isso, nenhum de nós está livre de chorar, mas as nossas lágrimas devem ser orações de gratidão e amor, paz e fé.

Um dia estaremos todos juntos, mas não deseje vir para cá como quem força a entrada de uma casa desconhecida.

Pouco a pouco, entenderemos as razões de tudo o que sucedeu.

Rogamos para que a ninguém seja atribuída qualquer culpa pelo acidente.

O veículo poderia estar sendo guiado por nós.

Ninguém cria problemas de trânsito por vontade própria, como no caso em que nos vimos.

Mamãe, queremos, a paz de todos

Ajudem, a senhora e meu pai, a termos paz.

Não se queixem.

Vamos cultivar a saudade na igreja do amor ao próximo.

Temos tantos irmãos nas calçadas e nas ruas, pedindo auxílio!

Sejam eles, filhos também de seu coração.

Aqui, muitos pais de meninos desamparados oram conosco pelos filhos sofrem no mundo, mas eu sei que a senhora e meu pai serão auxílio e bênção para esses meninos, filhos de tantos amigos bons que nos amparam aqui.

Não posso continuar.

Mamãe, abençoes os filhos que somos nós aqui, sem você, mas contando sempre com a senhora para ficar mais fortes.

Deus nos auxiliará.

Hoje, tenho mais fé.

Em nome dos irmãos e em meu nome, deixo a vocês, em casa, o nosso beijo de respeito e de amor.

E recebam, com o abraço do avô Joaquim, todo o coração do filho, sempre filho reconhecido.[9]

Marcos

(Uberaba, 12 de dezembro de 1975)

---

[9] Marcos. **Crianças no além**. Psicografia de Francisco C. Xavier. Obra disponível em: <http://bvespirita.com/Crian%C3%A7as%20no%20Al%C3%A9m%20(psicografia%20Chico%20Xavier%20-%20esp%C3%ADrito%20Marcos).pdf> p. 6 e 7.

Esse texto deixa muito claro para o leitor que a vida continua em todas as suas formas e em toda a plenitude. Uma criança fatalmente vitimada em um acidente vem, através de um médium, falar aos pais de sua nova condição de vida. Em primeiro lugar, nota-se a lucidez do espírito, que se lembra perfeitamente da vida passada e continua sua relação amorosa com os pais. Em seguida, auxiliado pelo avô, dá a seus pais uma mensagem de esperança sobre a continuidade da existência. O detalhe da presença do avô junto ao neto é também de enorme importância para nos deixar claro que as relações familiares entre avô e neto continuam do outro lado da vida do mesmo modo que se fazia na Terra.

O menino, sentindo a tristeza da mãe e a falta de fé do pai, escreve para eles a fim de confortá-los; entretanto, ao fazê-lo, tropeça nas próprias emoções. Lembra-se de que o pai sempre lhe aconselhara a ter coragem nos momentos difíceis; mas, mesmo assim, sente-se fraco. Contudo, seu avô o admoesta carinhosamente, lembrando que não deve dar desculpas para deixar de fazer o que deve ser feito.

Inicia a mensagem pedindo aos pais que não se deixem dominar pelo sofrimento, embora esse conselho sirva também para ele próprio. Diz saber que sua mãe foi considerada pelos médicos terrenos como uma pessoa com grave perturbação emocional e a justifica lembrando a dureza do golpe de que ela foi vítima de repente, sem a menor preparação. Pede-lhe, porém, que não mantenha essa atitude mental próxima ao desespero e faça de sua perda um ganho, acreditando que a morte não existe e que todos estarão reunidos, no tempo devido, no mundo dos espíritos. Ele sabe que a mãe não entende ainda muitas coisas, mas que, com o tempo e a fé em Deus, conseguirá compreender.

Continuando, o espírito explica à mãe que, se não fosse a saudade dos entes queridos que ficaram na Terra, poderia dizer que tudo está muito bem, pois ele se encontra em um parque onde brinca com outras crianças, sob a observação constante e carinhosa de trabalhadores espirituais. O filho pede à mãe para não continuar chorando por ele e para entregar a Deus o acontecimento infausto que levou a vida de seus filhos. Assim, a forma melhor de ajudar um desencarnado não é, por certo, o pranto, mas a prece e a confiança em Deus.

O menino também informa que está sendo auxiliado por bons espíritos, particularmente um chamado Ukuru, que ele denomina como santo. Fala dos outros parentes desencarnados como o tio Diogo e a Tia Maria, que ele não viu, mas que sabe estar bem. Sente-se mal, dominado por forte aflição, mas o avô Joaquim lhe diz que tudo aquilo passará quando seus pais ficarem mais fortes; uma nova referência ao comportamento dos que ficam em relação aos que partem desta vida.

Mostrando elevação, o menino pede que não se busquem culpados pelo acidente que o vitimou. Essas ocorrências no trânsito, diz ele, jamais são desejadas por aqueles que os causam. Num acidente de trânsito podemos às vezes ser vítimas e, em outras, culpados. Pede a eles que passem a ter por divisa a paz e, se a dor continuar batendo-lhes à porta, que busquem o trabalho, ajudem crianças sem lar, tornando-as seus filhos.

O menino termina sua mensagem aos pais insistindo para que tenham mais fé em Deus, pois ela é o maior remédio para a angústia e a aflição; daí Jesus a ter colocado como a grande virtude humana, porque, juntamente com a esperança e a caridade, formam o tripé no qual repousa a felicidade deste mundo, e sem essas três coisas, só nos restam a aflição e a angústia permanentes.

Segundo a Doutrina dos Espíritos, o que nos acontece depois da morte? Isso vai depender do modo como vivemos. Os que perseveram no bem, que buscam seguir o evangelho de Jesus Cristo têm um desencarne tranquilo e na espiritualidade se encontram com os seus entes queridos. Como o trabalho é vida tanto em um plano quanto em outro, associam-se à obra do bem. As pessoas que na Terra não conseguiram dominar as más paixões e elegeram o mal em lugar do bem, vivem, após o desencarne, uma vida errante, inquieta, sofrida, na condição que os espíritos denominaram erraticidade. Nessa condição se encontram a grande maioria dos espíritos encarnados em nosso planeta, que são fracos e inclinados às coisas materiais. Esses espíritos, muitas vezes, continuam na Terra apegados aos motivos de suas paixões. Nobres permanecem prisioneiros de seus castelos, ricos em suas mansões, os desbragados do sexo prosseguem visitando os "inferninhos" e outros lugares de prazeres materiais que tanto amavam. Escrevendo sobre essa situação espiritual, ensina Léon Denis:

> A ignorância, o egoísmo, os defeitos de todo tipo reinam ainda na erraticidade, e a matéria aí exerce sempre sua influência. O bem e o mal se acotovelam. É, de certa forma, o vestíbulo dos espaços luminosos, dos mundos melhores. Todos que por ali passam, todos permanecem, mas para se elevarem ao mais alto. [10]

Existe uma obra psicografada por Francisco Cândido Xavier, cujo autor espiritual é André Luiz, que trata da vida depois da morte e traz um conceito que amplia o texto que acabamos de ler. A obra é **Nosso lar** e o conceito é o de Umbral. Vamos conhecer o texto de André sobre esse mundo sombrio e triste.

---

[10] DENIS, Léon. **Depois da morte**. 1.ed. Rio de Janeiro: CELD, 2000.

André ao desencarnar havia estado por algum tempo no umbral. Ele, no primeiro capítulo desse livro, descreve a sua situação do modo seguinte:

> Eu guardava a impressão de haver perdido a ideia de tempo. A noção de espaço esvaíra-se-me de há muito.
>
> Estava convicto de não mais pertencer ao número dos encarnados no mundo e, no entanto, meus pulmões respiravam a longos haustos.
>
> Desde quando me tornara joguete de forças irresistíveis? Impossível esclarecer.
>
> Sentia-me, na verdade, amargurado duende nas grades escuras do horror. Cabelos eriçados, corações aos saltos, medo terrível senhorando-me, muita vez, gritei como louco, implorei piedade e clamei contra o doloso desânimo que me subjugava o espírito; mas, quando o silêncio implacável não me absorvia a voz estentórica, lamentos mais comovedores que os meus, respondiam-me aos clamores. Outras vezes gargalhadas sinistras rasgavam a quietude ambiente. Algum companheiro desconhecido estaria, a meu ver, prisioneiro da loucura. Formas diabólicas, rostos alvares, expressões animalescas surgiam, de quando em quando, agravando-me o assombro. A paisagem, quando não totalmente escura, parecia banhada de luz alvacenta, como que amortalhada

em neblina espessa, que os raios de Sol aquecessem de muito longe.[11]

Examinemos esse texto com mais cuidado. O espírito começa dizendo que havia perdido a noção de tempo e de espaço, o que denota a confusão espiritual que se verifica depois da morte em muitos casos. Ele está confuso, porque, embora soubesse que estava desencarnado, sentia que a sua função respiratória prosseguia como se vivo estivesse. Não entendia como um morto conseguia respirar. Sente-se amargurado e um medo enorme toma conta dele. No silêncio escuta vozes que, igualmente a dele, lamentam e choram a desdita que estão passando. Juntamente com elas escuta também gargalhadas sinistras. Não se trata do inferno católico, mas de uma situação tão dolorosa quanto. Aqui, porém, não é o demônio que castiga o pecador, mas ele próprio se castiga, colhendo o que plantou na vida que viveu sem se importar com a lei divina.

Em tempos modernos, as ideias espíritas sobre a morte foram amplamente confirmadas nas chamadas experiências de quase morte (EQM), nas quais as pessoas que estiveram em coma ou em situação de extremo perigo de desencarnar retomaram seus corpos e contam o que lhes aconteceu, enquanto estavam nos umbrais do outro mundo. E nesses relatos estão ausentes os velhos mitos das religiões tradicionais.

---

[11] Luiz André. **Nosso Lar**. Obra disponível em: < http://www.youblisher.com/p/49907-Nosso-Lar-Chico-Xavier/>. p. 17 e 18.

Essas pessoas, em seus relatos, não falam de céu ou de inferno, de anjos nimbados de luz que vêm buscá-los para levá-los ao paraíso, onde contemplarão por toda a eternidade a face de Deus. Também não fazem referência a lugares de fogo, onde exércitos de demônios com seus tridentes, espadas de fogo, caldeirões de óleo fervente estão prontos para torturar eternamente a alma dos réprobos. Nada disso. O que eles contam é o fato de se verem fora do corpo, o que lhes causa grande admiração. Pairando sobre o corpo fragilizado, eles puderam ver, inclusive os médicos, tentando trazer-lhes de volta à vida. Outros veem um longo túnel pelo qual devem atravessar. Ouvem um tipo de música maravilhosa que os delicia e os atrai. Outros, por fim, veem espíritos, os quais lhes dizem que ainda não é a hora da grande passagem e, então, acordam no corpo. Com essas experiências, a morte deixa de ser um fato religioso para ser científico; contudo, essa interpretação, desde 1857, ano da publicação de **O livro dos Espíritos**, já havia sido feita pela Doutrina dos Espíritos. É nesse sentido que se pode dizer que o Espiritismo matou a morte.

Quarta Razão – A Morte do Diabo

O diabo é um desses mitos que, sustentado pelas religiões católica e evangélica, tem feito um profundo mal à humanidade. Desde menino, repeli a crença no diabo, pois não via sentido na existência de uma força negativa tão forte que era capaz de lutar com a divindade pela alma do homem. Mais tarde, pensando com mais maturidade, a crença me pareceu mais estranha ainda; pois, raciocinando, concluía que seria impossível que em um Universo comandado pelo Bem Absoluto houvesse lugar para o mal absoluto. O pior é que o agente e fundamento desse mal – o diabo – precisava necessariamente ser criado por Deus para que pudesse existir.

À época, eu gostava muito de polemizar, e, quando me aproximava de um religioso, perguntava-lhe logo sobre o diabo e desfechava sobre ele uma grande quantidade de argumentos. Quando colocava o argumento maior, ou seja, Deus sendo o bem não poderia ter criado o demônio, que é o mal, e quase que invariavelmente ouvia o contra-argumento de que Deus não criou o demônio. O diabo foi um anjo que se rebelou contra Deus e que, por isso, foi expulso do céu. Essa explicação é extremamente frágil, pois se Lúcifer foi capaz de se rebelar contra o próprio Deus (como já vimos em outra parte deste trabalho), é porque a semente da rebeldia estava nele. E por encontrar-se nele a semente em questão, isso nos demosntra que ele não era perfeito; e se não era perfeito, não poderia ser um anjo.

Quando as perseguições contra os cristãos terminaram e a Igreja católica começou a se estruturar, houve a necessidade de se criar um sistema de penas e recompensas para que os católicos soubessem as consequências futuras de seu comportamento presente. Era, porém, necessário que se criasse um lugar de terror pintado com tintas tão fortes que desestimulassem os fiéis a pecar. Foi, então, escolhido o Hades dos gregos como modelo do inferno católico. Para os gregos antigos, a vida se manifestava[12] em dois planos: sobre a Terra e sob a Terra. No primeiro plano, estavam os espíritos encarnados, vivendo em um corpo formado de carne, ossos, músculos, nervos, cartilagens e sangue. No outro, estavam os desencarnados, ou seja, as almas daqueles que deixaram a vida física. O Hades é, sob muitos aspectos, semelhante ao plano espiritual descrito na obra de André Luiz.

Essa região chamava-se Hades, nome de um dos irmãos de Zeus. Depois que Zeus venceu os gigantes

---

[12] Guerra contra os gigantes.

na gigantomaquia, dividiu-se o Universo em três espaços distintos: Zeus ficaria com o céu; Poseidon com o elemento líquido, e Hades com o Mundo dos espíritos, onde reina acompanhado por sua esposa, Prosérpina. Como esse lugar fica sob a Terra, os autores latinos o chamaram de inferno.

O Hades, contudo, não é um equivalente do inferno católico e, de fato, está muito próximo do plano espiritual, tal como se encontra descrito na obra de André Luiz. No Hades grego estão os espíritos desencarnados, convivendo uns com os outros, do mesmo modo que viviam na Terra. A morte não lhes anula a personalidade e nem lhes elimina a memória. Tanto no Hades grego como no plano espiritual, descrito por André Luiz, a vida continua, pode-se dizer, normalmente.

A questão levantada por Kardec em **O céu e o inferno** é, principalmente, racional. Kardec se recusa a acreditar que um Deus, soberanamente justo e bom, possa ter criado um lugar onde as almas dos homens que viveram na Terra e se comportaram mal possam sofrer torturas inimagináveis eternamente. Observe que na justiça humana, que é por natureza imperfeita, as penas possuem um valor pedagógico e corretivo e não visam apenas a punir o crime, mas, principalmente, a ressocializar o criminoso. Já a punição criada por Deus, segundo o pensamento religioso clássico, ao contrário, não ofereceria uma nova chance a quem errou. Uma vez no inferno, nunca mais de lá se poderia sair. Ora, é obvio que a justiça humana não pode ser superior à divina.

Outro argumento contra a existência do demônio é seu próprio nome. A palavra *demônio* vem do grego *Daimonos-on*[13] e significa apenas *espírito desencarnado*, podendo ser bom ou mau. Basta lembrar aqui que Sócrates possuía um demônio que era seu espírito-guia. Outra palavra com que se designa o demônio é *Belzebu*. Qual é sua origem? Deriva de *Baal*, que significa, no antigo idioma fenício-cananita, *Senhor*. Por isso, quando se diz Baal de Sidon, ou Baal de Tiro, está se dizendo, Senhor de Sidon ou de Tiro.[14] A segunda palavra é *zebub*, que significa *mosca*. Assim, *Baal-Zebub* queria dizer *Senhor das moscas*. À época, as moscas, atraídas pelo sangue apodrecido dos sacrifícios, enxameavam os altares em grande quantidade e Baal-Zebub protegia os altares contra elas. Quando os judeus entraram em contato com essa divindade, seguiram a forma "o deus do outro é para mim um demônio" e o transformaram em uma divindade maléfica. O outro nome é *Lúcifer*, do adjetivo latino *lúcifer-fera-ferum*, e significa *luz, luminoso, o que possui luz, ou ainda, aquele que traz a luz*. Lúcifer era o nome que os romanos davam ao planeta Vênus, pelo fato de ele aparecer de madrugada como Estrela Dalva (Estrela da Alva ou Estrela da claridade, trazendo a

---

[13] Ver a **Apologia a Sócrates, um diálogo de Platão** ou ainda César Vesme em **História do Espiritismo experimental**.

[14] **Sidon e Tiro:** são duas cidades da antiga Fenícia.

luz do dia). A Estrela Dalva transformou-se em demônio, por causa da seguinte passagem de Isaías:

> Ó estrela d´alva (Lúcifer), filho da aurora, vencedor das nações! E, no entanto, dizias no teu coração: "hei de subir até ao céu, acima das estrelas de Deus colocarei o meu trono, estabelecer-me-ei na montanha da Assembleia, nos confins do Norte. Subirei acima das nuvens, tornar-me-ei semelhante ao altíssimo". E, contudo, foste precipitado no Sheol.[15]

Os teólogos católicos então aproximaram a queda de que nos fala Isaías com a mítica do anjo rebelado, e, a partir de então, o nome Lúcifer passou a determinar o maior de todos os demônios, o rebelde por excelência.

O próximo nome que vamos analisar é *Satã*, ou *Satanás*, que em hebraico e em aramaico se diz *Sitiná.*[16] O seu sentido é de *adversário, opositor, pessoa que se opõe ao projeto de outrem*. Em grego, esse termo foi transliterado para Satanás. Na Confissão de Pedro (Marcos, 8: 27-33; Mateus, 16: 13-23), Jesus, conversando com os apóstolos, diz-lhes que seria necessário que o filho do homem padecesse muito, fosse rejeitado pelos poderosos e, por fim, morto. Pedro escandalizado

---

[15] Esta palavra designa o *mundo dos mortos* na religião hebraica.

[16] Consultar: LEAL, José Carlos. **História das ideias e dos fenômenos espíritas**,vol. 1, p.108 ss.

com o que ouvira, adianta-se e repreende Jesus, que, por seu turno, responde-lhe com severidade:

> Mas ele, virando-se e olhando para os discípulos, repreendeu a Pedro, dizendo: Retira-te de diante de mim, Satanás; pois não compreendes as coisas que são de Deus, mas as que são dos homens.

Nesse trecho, a palavra Satanás foi usada por Jesus com o sentido a que nos referimos há pouco. Pedro, por ignorância do projeto divino e pelo grande amor que sentia por seu mestre, tenta impedir que Jesus cumpra a sua missão. Está, portanto, se opondo às pretensões do mestre, daí o termo *Satanás* aplicado pelo Cristo.

Por fim, nos resta a palavra *diabo*. Esse termo se encontra relacionado com três étimos gregos, a saber: o prefixo *dia*, que significa *separação em duas ou mais direções*; o verbo *ballo*, cujo significado é o de *jogar, arremessar, atirar, lançar*. Juntando-se os dois elementos teremos a palavra *diabolê - es*, que tem o sentido de *desunião, calúnia*. É por esse motivo que, na tradição ocidental, o diabo é chamado de *O Caluniador, O Intrigante, o Pai da Mentira* etc. Por fim, o terceiro elemento é o adjetivo *dabalo-os-on*, traduzido como *provocador, aquele que provoca discórdia ou divisões*.[17]

Como se pode ver sem grandes dificuldades em nenhuma dessas palavras encontramos a ideia de um

---

[17] LEAL, José Carlos Leal. Op.cit. p.108 ss.

ser horrendo, com formas caprinas, cheirado a enxofre, vivendo embaixo da terra, onde impera absoluto. Nenhuma dessas palavras também nos autoriza a pensar em um anjo, uma vez que elas expressam sentimentos que, inclusive, existem em cada ser humano, imperfeito como nós.

Concluindo este capítulo, vamos examinar como nós – os espíritas – interpretamos essa questão. Em um livro, que se intitula **O céu e o inferno**, ou **a justiça divina segundo o Espiritismo**, publicado pela primeira vez em agosto de 1865, na cidade de Paris, Kardec estuda com critério e método a questão dos anjos e demônios. A proposta desse livro é a seguinte:

> Exame comparado das doutrinas sobre a passagem da vida corporal à vida espiritual, sobre as penalidades e recompensas futuras, sobre anjos e demônios, sobre as penas etc. Seguido de numerosos exemplos acerca da situação real da alma durante e depois da morte.

Kardec começa com uma questão óbvia, mas à qual nem sempre damos a devida importância. Em um mundo de incertezas, só temos uma verdade: nós vamos morrer. Se essa é uma questão prática e insofismável, cumpre aqui uma pergunta: Para onde vamos depois da morte? A resposta a essa pergunta possui dois aspectos, ou naturezas: ou mergulhamos no nada ou sobrevivemos em outro mundo. A primeira resposta nos é dada pela filosofia materialista, e a segunda, pelas religiões tradicionais. Assim, conforme a teologia os bons, os sem pecado, terão direito de ir para o céu. Em oposição, os ímpios, os pecadores, que não se arrependem em vida, irão para o inferno. Tanto o prêmio celestial como o castigo infernal seriam eternos.

Allan Kardec achava que seria um verdadeiro absurdo manter-se a ideia de um espírito voltado para o mal eternamente, que, em colaboração com outros anjos perversos, se ocuparia das mais terríveis torturas aos espíritos desencarnados enviados ao seu reino. Além da tarefa de carrasco dos pecadores, os demônios e seus anjos exerceriam ainda a função de tentadores dos espíritos encarnados que, em verdade, iriam para o inferno, não pelo uso de seu livre-arbítrio apenas, mas pela intervenção do demônio na condução de sua vontade. Repare que novamente há um contrassenso, que consiste em Deus permitir que o demônio, a maior expressão do mal, ou mesmo os seus colaboradores, pudesse tentar os espíritos frágeis, encarnados em um mundo de provas e expiações, e com um agravante: a incapacidade do nosso anjo da guarda em nos salvar do diabo. Por tudo isso, só nos resta negar a possibilidade da existência de um ser como esse, verdadeira agressão à nossa razão e ao bom senso.

Quinta Razão – O Caráter Racional

Razão é a faculdade espiritual pela qual o homem se diferencia dos animais chamados *irracionais*, ou seja, *sem razão*. Muitas vezes essa palavra é tomada também como *inteligência*. Em filosofia, é a faculdade ou poder de julgar com acerto e distinguir o verdadeiro do falso, como ensinava René Descartes. Da mesma palavra, derivam: *racional, raciocínio, racionalizar, razoável*, entre outras.

Assim, o homem se utiliza da razão quando examina alguma coisa de modo objetivo, evitando a intromissão das emoções e da subjetividade, que prejudicam a isenção necessária para um raciocínio de qualidade. Entenda-se *raciocínio*, como a operação intelectual, através da qual, a partir de dois ou mais antecedentes, tira-se um consequente que dele deriva de maneira lógica. Tal resultante costuma ser chamada também de *conclusão*, e os antecedentes, *premissas*. O Espiritismo, ao se dizer racionalista, está afirmando que sua maneira de ver o mundo parte da razão, do bom senso e tem a lógica como um precioso instrumental.

Desse modo, o Espiritismo se inscreve como uma religião da modernidade, sendo essa ideia associada ao Racionalismo; o qual, por sua vez, deve ser entendido como o uso exclusivo da razão no estudo de um problema ou no exame de uma questão. Em filosofia, o Racionalismo é uma teoria que, em oposição ao empirismo, afirma serem as ideias e os juízos básicos do conhecimento construído somente pela razão, frutos exclusivos do espírito, completamente independente, na sua origem, dos dados da experiência e dos sentidos. Aplicado ao campo da religião, o Racionalismo é a doutrina que pretende substituir a fé, em estado de dogma e mistério revelado, pela "luz natural" da razão.

A associação íntima entre o Racionalismo e o Espiritismo foi o fator que aproximou o Espiritismo das ciências positivas, permitindo-o construir uma estrutura de extrema objetividade, sem, inclusive, se fechar em dogmas de fé; passando a defender pontos de vista que os fatos e os estudos modernos de ciência mostraram inadequados ao pensamento moderno. Com isso, o Espiritismo passou a ser um saber dinâmico, capaz de caminhar lado a lado com a ciência, sem entrar em conflito com ela. Tratando desse assunto, escreveu Allan Kardec:

> Um último caráter da revelação espírita, a ressaltar das condições mesmas em que ela se produz, é que, apoiando-se em fatos, tem que ser, e não pode deixar de ser, essencialmente progressiva,

> como todas as ciências de observação. Pela sua substância, alia-se à Ciência que, sendo a exposição das leis da Natureza, com relação a certa ordem de fatos, não pode ser contrária às leis de Deus, autor daquelas leis. As descobertas que a Ciência realiza, longe de o rebaixarem, glorificam a Deus; unicamente destroem o que os homens edificaram sobre as falsas ideias que formaram de Deus.[18]

O Espiritismo, assim, só estabelece como princípio absoluto o que está demonstrado com evidência ou o que resulta logicamente da observação. Relacionando-se com todos os ramos da organização social, aos quais dá o apoio das suas próprias descobertas, assimilará sempre todas as doutrinas progressivas, de qualquer ordem que sejam, desde que tenham chegado ao estado de verdades práticas e saídas do domínio da utopia, até porque, sem tais progressos, o Espiritismo cometeria suicídio e deixaria de ser o que é, desmentindo sua origem e fim providencial.

> Caminhando com o progresso, o Espiritismo jamais será ultrapassado; porque, se novas descobertas demonstrarem que ele está errado em um determinado ponto, ele se modificará sobre

[18] KARDEC, Allan. **A gênese**. Disponível em: <http://www.espiritismogi.com.br/livrosd.htm>. p. 44, item 55.

esse ponto; se uma nova verdade se revela, ele a aceita.[19]

Mais à frente, quando tratarmos do tríplice aspecto da Doutrina Espírita, voltaremos a examinar as relações do Espiritismo com o pensamento racional.

[19] KARDEC, Allan. **A gênese**. Disponível em: <http://www.espiritismogi.com.br/livrosd.htm>. p. 44, item 55.

Sexta Razão – A Teoria das Vidas Sucessivas

A palavra *reencarnação* é formada por três elementos mórficos: **Re =** *movimento para trás, novamente*, + **In (em)** = *movimento para dentro* + **ação**. Assim, essa palavra significa: *ato de voltar a entrar na carne (corpo), a viver novamente*. Essa é uma das ideias mais importantes da Doutrina Espírita, para não dizer a mais importante; uma vez que ela é capaz de explicar racionalmente a maioria dos acontecimentos de nossa vida que, sem ela, não teriam como ser explicados. Entre essas questões que a reencarnação nos ajuda a compreender, temos:

AS CRIANÇAS PRODÍGIO

Assunto que tem desafiado os psicólogos das mais diversas escolas e intrigado o homem comum, que não consegue explicar por que algumas crianças apresentam comportamentos intelectuais e artísticos bem acima de sua idade. É o caso de Nicollo Paganini (1784-1840), que, ainda criança, tocava violino como um virtuose; Franz von Liszt (1811-1863) e Beethoven (1770 -1827), com apenas dez anos de idade, já eram grandes músicos; Blaise Pascal (1623-1662) descobriu, aos 12 anos, a Geometria Plana; Rembrandt (1606-1669), antes de saber ler, fazia desenhos que podiam ser assinados por grandes mestres das artes.

Esses exemplos nos levam a questionar o seguinte: seria justo que Deus mandasse a uma família uma criança sem maiores talentos para a arte, com inteligência apoucada, e, para outros parentes, uma criança especial com notáveis habilidades? Por certo, a maioria das pessoas consideraria injusto um Deus que distribuísse talentos desse modo. Quando se questiona um religioso sobre tal assunto, normalmente, ele escapa para a frase famosa: *os desígnios de Deus são vedados à compreensão humana.* Se fizermos a mesma pergunta a um materialista, a resposta deverá ser: *buscai na hereditariedade e no meio em que se desenvolvem essas crianças e tereis a resposta para a sua genialidade*. Essa resposta não satisfaz, pois existiram homens de grande genialidade que produziram filhos comuns e até com capacidade abaixo da maioria das pessoas. Por outro lado, gênios existem que vieram de pais muito pobres e incultos, como, por exemplo, Machado de Assis, que nasceu no Morro do Livramento, filho de doméstica e um pintor de paredes.[20]

Assim, só nos resta a reencarnação como resposta a essa questão. Admitindo-se que o espírito é

---

[20] Para maiores informações sobre Machado de Assis, ler a obra de LEAL, José Carlos. **A rosa e o espinho**. Rio de Janeiro: CELD, 2006.

imortal, que preexiste à matéria e que nasce e renasce por muitas vezes, as coisas ficam bastante claras. Imaginemos um homem que, em muitas de suas vidas passadas, tenha se dedicado ao estudo das línguas, dominando-as como falante e conhecendo as suas particularidades estruturais. Esse tipo de conhecimento torna-se uma aquisição do espírito e, em uma vida seguinte, pode nascer uma criança como Trombetti, com a qual aconteceu o que vamos relatar a seguir.

Trombetti nasceu em Bolonha, na Itália, no seio de uma família muito pobre. Na escola primária, aprendeu sozinho francês e alemão e, ao fim de dois meses, podia ler Voltaire e Goethe, no original. Aprendeu árabe com a simples leitura da vida de Abdel Kader, escrita naquela língua. Conta-se que, um dia, passou por Bolonha um homem de nacionalidade persa. O homem conheceu Trombetti e, em algumas semanas, ensinou a ele o persa. Aos 12 anos aprendeu simultaneamente o latim, o grego e o hebraico. Ao longo de sua vida interessou-se pelo estudo das línguas, chegando a conhecer cerca de 300 dialetos orientais. Foi nomeado, pelo rei da Itália, professor de Filologia na conceituada Universidade de Bolonha. A esse e outros casos, pode-se aplicar a famosa frase de Platão: *Aprender é recordar.*

A JUSTIÇA DE DEUS

Outra questão, não menos curiosa, é a do nascimento de crianças com problemas físicos graves, como: cegueira, surdez, hidrocefalia, paralisia, males cardíacos, anencefalia, entre outras doenças não menos dolorosas para os portadores e para seus familiares. Mais uma vez se impõe a pergunta: por que esta criança nasceu assim? Por que um Deus de amor e bondade, um Deus justo, permite que um inocente nasça com tamanha carga de sofrimento? As respostas de algumas religiões são decepcionantes. A primeira delas diz respeito ao mito de Adão e Eva, com o qual se explica o sofrimento em geral: sofremos porque, um dia, em um ato de desobediência, o primeiro casal comeu da árvore proibida e foi expulso do estado de felicidade (paraíso) para o de infelicidade. Essa resposta é demasiado pueril para merecer algum tipo de comentário. A segunda também é bastante simplista: as crianças que nascem com problemas estão pagando pelos pecados de seus pais.

Essa resposta é, no mínimo, estranha. Suponha o leitor uma situação kafkiana, em que a polícia venha procurá-lo, leve-o preso e você, ao chegar à delegacia, peça explicações sobre o motivo da prisão. O delegado lhe diz que se deve a um crime praticado por seu pai, pelo qual você deverá responder uma vez que ele não está sendo encontrado. E você poderá responder, alegando que não se pode ter responsabilidade pelo crime de outro, mesmo sendo o próprio pai, mas o delegado é inflexível e o mantém preso. Se algo acontecesse, neste sentido, a solução seria despertar porque na certa se trataria de um pesadelo. Ora, se a justiça humana, que é limitada e falha, não aceita a passagem da responsabilidade de um crime de uma pessoa para outra, o que se pode dizer sobre a divina? Assim, se cada pessoa deve responder por seus atos, não podemos ser responsabilizados pelos crimes de nossos pais e, muito menos, pelos erros de Adão e Eva. No caso de uma criança, porém, fica a pergunta: se nasceu sob o peso da dor e não praticou nenhum pecado grave ainda, de onde pode vir seu sofrimento, se não dos atos errados de uma vida passada?

Assim, só nos resta admitir que a criança que nasce com problemas físicos ou mentais sofre, pela lei de ação e reação, o resultado dos próprios atos em uma vida pregressa. Não se deve entender, porém, que essas situações possam ser consideradas como "castigos divinos". Em verdade, a reencarnação não tem tal escopo, mas sim, *aprimorar* o espírito. A dor é, por assim dizer, uma espécie de alavanca, que nos impulsiona ao progresso, fazendo com que cresçamos, forjando–nos para que um dia, possamos encarnar em mundos ditosos, libertos das encarnações corretivas.

Na questão 171 de **O livro dos Espíritos**, Allan Kardec pergunta ao instrutor espiritual: Em que se fundamenta a ideia da reencarnação? A resposta é a seguinte:

> – Na justiça de Deus e na revelação, e repetimos incessantemente: um bom pai deixa sempre para seus filhos uma porta aberta ao arrependimento.

> A razão não vos diz que seria injusto privar, para sempre, da felicidade eterna todos aqueles cujo aprimoramento não dependeu deles mesmos?
>
> Não são todos os homens filhos de Deus? Só homens egoístas podem pregar a injustiça, o ódio implacável e os castigos sem perdão.[21]

Allan Kardec comentando essa resposta, nos lembra que todos os espíritos estão destinados à perfeição e, sendo assim, Deus lhes faculta meios de alcançá-la, com a possibilidade de se viver muitas vidas, uma vez que a doutrina das penas e prêmios eternos é uma forma de fechar a porta ao perdão e é a negação mais completa do amor de Deus. A teoria das vidas sucessivas é consoladora, pois nos leva a crer que aquilo que não se pode realizar em uma vida, teremos como, perfeitamente, realizar em outra(s).

> Não estaria de acordo nem com a igualdade, a justiça, nem com a bondade de Deus condenar para sempre os que encontraram, no próprio meio em que viveram, obstáculos ao seu melhoramento, independentemente de sua vontade. Se a sorte do homem estivesse irrevogavelmente fixada após a morte, Deus não teria pesado as ações de todos numa única e mesma balança e não agiria com imparcialidade.

---

[21] KARDEC, Allan. **O livro dos Espíritos**. Obra disponível em: <http://www.espirito.org.br/portal/download/pdf/les/le24.pdf> Segunda parte, cap. IV. p.96.

A doutrina da reencarnação, que consiste em admitir para o homem diversas existências sucessivas, é a única que responde à ideia que fazemos da justiça de Deus em relação aos homens que se acham numa condição moral inferior; a única que pode nos explicar o futuro e firmar nossas esperanças, porque nos oferece o meio de resgatar nossos erros por novas provações. A razão nos demonstra essa doutrina e os Espíritos a ensinam.

O homem que tem consciência de sua inferioridade encontra na doutrina da reencarnação uma esperança consoladora. Se acredita na justiça de Deus, não pode esperar achar-se, perante a eternidade, em pé de igualdade com aqueles que agiram melhor do que ele. Contudo, o pensamento de que essa inferioridade não o exclui para sempre do bem supremo que conquistará mediante novos esforços o sustenta e lhe reanima a coragem. Quem é que, no término de sua caminhada, não lamenta ter adquirido muito tarde uma experiência que não pode mais aproveitar? Porém, essa experiência tardia não está perdida; tirará proveito dela numa nova vida.[22]

[22] KARDEC, Allan. **O livro dos Espíritos**. Obra disponível em: <http://www.espirito.org.br/portal/download/pdf/les/le24.pdf> Segunda parte, cap. IV. p.96.

DAS DIFERENÇAS SOCIAIS, A RIQUEZA E A POBREZA

Neste mundo em que vivemos, é muito fácil observar como as pessoas ocupam na sociedade posições diferentes. Alguns, aparentemente bafejados pela sorte, vivem em faustoso luxo, morando em mansões, rodando pelas ruas em carros caríssimos, navegando em belos iates, utilizando os mais modernos métodos para cuidar da saúde e assim por diante. Ao lado desses, estão os carentes, os deserdados, os pobres e os miseráveis que, não raro, nem mesmo possuem o alimento diário com facilidade. Em nosso dia a dia, vemos pessoas que comandam e outras que são comandadas; as que ocupam as cátedras e as que não chegaram a concluir o curso primário. Qual é a origem dessas desigualdades?

Os estudiosos, que escrevem livros de autoajuda, costumam dizer que algumas pessoas chegam lá porque apostam em si mesmas, em suas potencialidades, e outras, em função da baixa autoestima, vivem uma vida insossa, tanto do ponto de vista material, como espiritual. Isso tem uma certa verdade de verdade, mas não responde à questão das desigualdades inteiramente. Marx explicava a desigualdade como um resultado da exploração do homem pelo homem, que só seria resolvida através da luta de classes. Essa é também uma resposta não inteiramente desprezível, contudo, não resolve o problema.

Se tomarmos o pensamento espírita para explicar as diferenças que encontramos na sociedade, vamos utilizar a chave da reencarnação para abrir os segredos das vidas opostas. Lendo os livros básicos de nossa doutrina, aprendemos que as diversas situações sociais são momentos ou estados pelos quais passa o espírito no caminho da evolução. Desse ponto de vista, tanto a fortuna como a pobreza são provas e, às vezes, expiações, para o espírito que, em muitos casos, escolhe uma determinada situação social que julga mais necessária a seu progresso. Embora as pessoas acreditem que uma vida cheia de luxo e conforto seja melhor do que uma de privações, do ponto de vista do progresso do espírito, isso não é verdade. Pois o avanço não depende da forma de vida, mas de como vivemos a existência que escolhemos ou que nos foi imposta.

Poder-se-ia perguntar se um espírito concordaria em encarnar na mais extrema pobreza ou em um país subdesenvolvido. A resposta é *sim*; caso o espírito compreenda a utilidade para si de viver deste ou daquele modo. Não custa lembrar aqui, que a nossa ótica como encarnados é uma, e depois de nos mudarmos para o plano espiritual será outra. Um espírito que venha nascendo e renascendo em berço de ouro, em classes elevadas, ao perceber que tais encarnações não lhe estão acrescentando nada em termos de progresso, poderá pedir uma vida mais modesta, com outras experiências e oportunidades de crescer.

Vendo por esse lado, percebemos que as diferenças sociais são estados da alma no caminho da evolução. Graças a ela, podemos experimentar situações diferentes e viver experiências diversas que nos ajudem a progredir. Essa utilidade, contudo, não pode justificar a estagnação das desigualdades, visto que elas existem por nosso pequeno esforço no caminho da evolução e, sendo assim, à medida que avançamos nas sendas da evolução, pouco a pouco desaparecerão, pois nos chamados *Mundos Maiores*, os espíritos são iguais, embora conservem sua individualidade; em outras palavras, o fim da desigualdade não significa uma igualdade plena, onde todos pensam e sentem do mesmo modo. Quando um espírito chega a esse estado evolutivo, vê o outro como seu irmão e semelhante, porém, prosseguindo com sua particularidade intacta.

Dessa forma, em cada encarnação, devemos lutar por nossa melhoria moral e intelectual, assim como pela melhoria de nosso próprio planeta. Não é errado que lutemos por ganhar dinheiro e poder, desde que usemos ambos em favor de nossos irmãos. O lamentável está quando o espírito se utiliza dos bens materiais egoisticamente, ao perder a sensibilidade e não mais sentir a dor do pequenino que, à nossa volta, implora por ajuda. Assim, devemos entender os bens materiais como empréstimos da divindade, para que auxiliemos os que têm menos, diminuindo, assim, as diferenças sociais existentes.

Sétima Razão – Inexistência de Hierarquia e Livros Sagrados

A religião católica possui uma hierarquia rígida, o que possibilita a seus seguidores, se tiverem interesse, fazer parte de um percurso profissional que começa na condição de simples sacerdote e termina com a de Papa. Esse caminho, entretanto, está vedado às mulheres, que permanecem até ao final de suas vidas como freiras, não importa o vulto do trabalho que realizem. Essa carreira se tornou possível, por causa do grau da complexidade que a estrutura da Igreja exige, uma vez que o Vaticano se tornou um território autônomo, com características muito próximas às dos Estados laicos. Em função dessa hierarquia, na qual o Papa se coloca como o sucessor de São Pedro e o Cabeça da Igreja, não existe democracia no Catolicismo. O Papa é um poder ditatorial, pois, cabe a ele, que jamais erra, quando fala de cátedra – cadeira papal (dogma da infalibilidade papal); pois suas decisões não podem mais ser discutidas (entendo por Democracia um espaço em que possa existir discussão entre pessoas iguais, ora se existe alguém cujas decisões não possam ser questionadas, não há liberdade de expressão e nem democracia. Nos conventos, prossegue o caráter autocrático, de modo que as decisões dos superiores não podem ser discutidas pelos subordinados).

O Espiritismo não possui esse tipo de hierarquia, nem qualquer coisa semelhante. Os centros espíritas são organizados com um presidente, um vice, um tesoureiro, alguns conselheiros, algo comum a qualquer outra organização não-religiosa. Como não há privilégios ou vantagens em exercer um cargo em um centro espírita, não há disputa pela presidência ou qualquer outro posto, pois tal atividade, em geral é considerada como uma espécie de "missão". Em virtude desse tipo de organização, os centros espíritas são muito mais democráticos que outras religiões. Embora nos tratemos com respeito, a palavra de um presidente não é a última, pois o seu peso é o mesmo de qualquer membro da comunidade espírita que participe da estrutura do centro.

Essa forma democrática dos centros espíritas faz com que não tenhamos expulsões e muito menos excomunhões. Um espírita, não importando sua função no centro, pode deixar de ser espírita, mudar de religião, sem o menor problema. Caso sua nova opção não seja interessante para ele e deseje voltar, será bem recebido, sem a menor dificuldade.

Como liderança máxima do movimento espírita, está a FEB, ou Federação Espírita Brasileira, cujo patrocínio atinge o âmbito federal. Nos Estados, o movimento se agrega em torno das Federações estaduais e nos Municípios, em torno das ligas e uniões municipais. Essas instâncias, entretanto, não são autoritárias e têm por hábito dirigir o movimento com grande respeito ao livre-arbítrio dos espíritas em geral.

Outra vantagem que possui o Espiritismo é a de não ter livros sagrados, como a Bíblia e o Corão, sendo os exemplos mais conhecidos. O problema dessas obras é serem consideradas como inspiradas pela própria divindade e, sendo assim, se acredita que possuam toda a verdade religiosa, que não pode ser discutida pelos fiéis judaico-cristãos e islâmicos. Desse modo de ver, mesmo os maiores absurdos que neles se encontrem devem ser aceitos como verdade e sem discussão. Nós – os espíritas – possuímos um total de cinco livros que formam a base, ou núcleo, da Doutrina dos Espíritos. São eles:

O livro dos Espíritos 1857
O livro dos médiuns 1861
O evangelho segundo o Espiritismo 1864
O céu e o inferno 1865
A gênese 1868

Esses livros não são considerados sagrados, apesar de a colaboração dos espíritos ter sido de profunda importância para a confecção deles. Participaram do trabalho da Codificação, espíritos como: Platão, Santo Agostinho, Fénelon, Sanson, São Luis de França e outros que viveram na Terra. Não são, portanto, infalíveis, embora muito mais evoluídos que nós; por esse motivo, Kardec nos manda observar os fatos e, se algum conhecimento doutrinário se opuser àqueles, que esses ensinamentos sejam revisados. Essa atitude franca e aberta impossibilita que nós, os espíritas, fiquemos presos à letra fria de um texto ou a dogmas impostos pela interpretação equivocada de uma passagem de um livro, dito, sagrado. Somos, portanto, estimulados a estudar, refletir, pensar, e observar os fatos, para que não sejamos obrigados a acreditar em algo, apenas porque está escrito.

Oitava Razão – Comunicação dos Espíritos e suas Consequências

As religiões tradicionais sempre afirmaram que os mortos estão no céu, no inferno, no purgatório ou no seio de Abraão, de onde não podem voltar à Terra e entrar em contato com o homem. Nos casos em que os fatos mostram desencarnados agindo, a resposta é sempre a mesma: trata-se de uma alucinação (percepção sem objeto), ou de uma obra produzida por Satanás, ou o próprio Satanás se manifestando na ordem natural. É pena que pensem assim, uma vez que a comunicação entre os dois planos é um fenômeno extremamente consolador, capaz de eliminar o medo da morte e nos fazer aceitar a partida de um amigo, ou de um parente.

Quantas pessoas que sofriam pela perda de um filho amado, de um pai, mãe, amigo íntimo, e ao receberem uma mensagem mediúnica do companheiro falecido, enxugou as lágrimas por ter compreendido que a morte não existe? Isso, porque aquele que julgava morto e para sempre perdido, ali estava, comunicando-se por meio de um médium. O Espiritismo explicando o que é a morte e como se estrutura o mundo dos espíritos, terminou com os conceitos penosos de céu e inferno.

Durante anos sem conta, as religiões tradicionais afirmaram que o homem era formado de um corpo mortal e de uma alma imortal. Até aí, sem problemas, tudo bem. Quando, porém, se perguntava coisas como: o que é a alma? Por que ela deve assumir um corpo? O que acontece com ela depois da morte física? Existe uma vida fora da matéria? Caso afirmativo, como seria essa existência? As respostas eram ilógicas, desarticuladas, irracionais ou jogadas para o saco sem fundo dos mistérios de Deus. O Espiritismo surgiu para nos revelar o que é a alma; qual a diferença entre alma e espírito; por que nascemos, o que estamos fazendo aqui na Terra e para onde vamos depois de nossa morte.

Outro conceito interessante que extraímos da comunicação com os espíritos é o seguinte: desde a mais longínqua antiguidade, no Egito e na Mesopotâmia, na Pérsia, na Índia, na Grécia e em Roma, se acreditou que espíritos poderiam possuir seres humanos, produzindo nesses, doenças físicas e/ou mentais. Eles eram chamados, corretamente, de *demônios*, uma vez que a palavra *demônio*, como vimos, significa *ente desencarnado* (seja bom ou mau). Com o domínio da Igreja Católica, a palavra *demônio* recebeu um matiz metafísico e passou a designar um seguidor de Lúcifer, o anjo rebelde que liderou um motim no céu contra a própria divindade. Com isso, criou-se um verdadeiro arsenal de magia, de símbolos sagrados que deveriam ser usados na prática de expulsar os demônios. A essa prática deu-se o nome de *exorcismo*.

O Espiritismo, em contato com esse contexto, não o negou, mas o reinterpretou a partir dos dados dos próprios espíritos: o demônio, como um ser metafísico opondo-se a Deus, não existe, e aquilo que tomam por tal entidade, nada mais é que um espírito desencarnado atuando junto a um encarnado na condição de obsessor, que não deve ser simplesmente expulso, mas doutrinado, pois muitos nem mesmo sabem da sua condição de desencarnados.

O conceito de obsessão nos possibilitou compreender uma série de problemas humanos, inclusive a doença mental, principalmente a esquizofrenia, cuja sintomatologia é muito semelhante à da obsessão. Sabendo-se da influência que os espíritos exercem em nossa vida, devemos aprender a distinguir os nossos impulsos, que levam a tomar atitudes das quais nos arrependemos. André Luiz, ao longo de sua obra, nos dá grande quantidade de exemplos de espíritos desencarnados, atuando sobre os encarnados, sem que esses se deem conta. Sobre essa questão, um dos livros de André Luiz mais esclarecedores da influência dos desencarnados em nossas vidas é **Sexo e destino**, que vale a pena ser lido com grande atenção.

Com a ajuda do Espiritismo, passamos a compreender mais e melhor um tema muito habitual nos grupos não espíritas. Refiro-me ao *pensamento positivo*, que é muito comum nos livros de autoajuda. Todos os autores desse tipo de leitura concordam que o pensamento é força poderosa, tanto para o mal (pensamento negativo), como para o bem (positivo). Entretanto, não deixam claro o processo de influência mental em nossas vidas. O Espiritismo nos esclarece que a morte nada acrescenta ao espírito, nem retira dele coisa alguma. Assim, o bêbado encarnado é o mesmo desencarnado; o sexófilo continua, depois da morte, em busca da satisfação de seus desejos carnais; o comilão desencarnado vaga errante no astral inferior, em busca de alimento; o espírito materializado prossegue apegado à casa, com ciúme da esposa e dos filhos. Todos esses espíritos buscam um médium para resolver a sua dificuldade e, quando o encontram, procuram dominá-lo para, através dele, sevar antigas paixões. Talvez tenha sido por isso que o Apóstolo Paulo nos disse: “Portanto nós também somos de tão grande nuvem de testemunhas, deixemos todo o embaraço e o pecado que tão de perto nos rodeia e corramos com perseverança a careira que nos está proposta”. (Hebreus, 11: 1.). Informados sobre a interação entre os dois planos, o espírita tenta se tornar uma pessoa que observa com muito cuidado seus pensamentos, porque é esse o caminho através do qual os espíritos bons e maus nos influenciam. Sempre que pensamos em coisas negativas, que emitimos irradiações mentais de ódio contra nosso próximo, estabelecemos relações fluídicas e eletromagnéticas com espíritos que vibram na mesma faixa. Do mesmo modo, quando pensamos coisas boas, com amor, ou seja, positivamente, com vibrações para o alto, mudamos a sintonia e nossas ondas mentais vão ao encontro dos bons espíritos, que nos auxiliam a realizar nossas boas intenções. Nesse contexto, a prece possui um grande valor, pois as vibrações provocadas por ela afastam os miasmas negativos, atraindo a presença de energias positivas.

Nona Razão – A Vida em Outros Planetas

O fenômeno conhecido como OVNIS (Objetos Voadores Não-Identificados) é muito antigo; entretanto, foi na primeira metade do século XX que voltou a se manifestar de forma acentuada. Tudo começou no dia 24 de julho de 1947, quando um piloto, funcionário do Serviço Florestal dos Estados Unidos, chamado Kenneth Arnold, voava em Boise, Iadaho, à procura de um avião perdido. Em certo momento, percebeu, entre os montes Rainier e Adams, nove objetos de cor brilhante, na forma de pires, que voavam a cerca de 3000 metros de altitude, em grande velocidade. Segundo os cálculos do próprio Arnold, os objetos se deslocavam a mais ou menos 2000 quilômetros por hora.

Arnold comentou sua experiência no Aeroporto de Yakima, em Washington e, em pouco tempo, a imprensa tomou conhecimento do fato. No início, não houve zombaria, pois Arnold era um piloto experimentado, comercialmente respeitado, auxiliar do xerife e um homem com essas credenciais não poderia estar inventando histórias. Como dissemos anteriormente, no relato que fizera, Arnold teria dito que o misterioso objeto parecia com um pires, que seria atirado sobre as águas. Daí se cunhou a expressão *Flying Saucer* (pires voador) que caiu largamente no gosto popular.

Logo em seguida, a casa de Arnold em Boise, Iadaho, foi invadida por muitos repórteres, famintos por sensacionalismo, em busca de maiores detalhes sobre os objetos fantásticos. A vida do piloto tornou-se um verdadeiro inferno. Dias depois, passou a receber dezenas de cartas e telefonemas de pessoas que lhe contavam experiências semelhantes às que havia passado. A imprensa que, até aquele momento havia se mantido respeitosa, partiu para a sátira mais franca e aberta.

Em um de seus editoriais, o **The New York Times**, dizia: "O que Arnold viu foram átomos, escapando de uma bomba desgastada". O mesmo jornal, em outro artigo, dizia que os tais pires voadores: "eram de fato as moedas atiradas pelos funcionários do governo para reduzir a pressão econômica". A Revista **Life** também não o perdoa e cita a teoria histriônica de um antropólogo de Harward, segundo a qual: "os pires voadores eram halos perdidos à procura de pessoas que morreram nos festejos de 4 de julho". Desse modo, em muito pouco tempo, Kenneth Arnold estava profundamente arrependido por ter relatado o que vira naquele dia, acabando por ser colocado ante a opinião pública como um arrematado idiota.

A sátira dos jornais ou o riso das pessoas não foram suficientes para abafar a onda que se prenunciava. Ainda no ano de 1947, surge uma grande quantidade de relatos sobre OVNIS, alguns com ar de seriedade, mas outros buscando apenas sensacionalismo. Um piloto particular, chamado Vernon Braids, contou que havia derrubado no Estado de Montana um objeto voador na forma de um disco cinzento-claro, entretanto, logo depois, confessou que havia sido invenção.

Inicialmente, as Forças Armadas norte-americanas pareceram ter ficado satisfeitas com a destruição moral de Kenneth Arnold, o pai dos discos voadores. Pouco tempo depois, em 23 de setembro de 1947, o Tenente-General Nathan F. Twing, um militar de grande projeção, recebeu do Pentágono um pedido para não se ignorar a questão dos OVNIS. Twing, então, envia um memorando, no qual existia uma afirmação bastante clara: "o fenômeno relatado é algo real e não visionário, nem imaginário". Recomendava, ainda, que se fizesse um estudo reservado, detalhado e formal a respeito dos discos voadores.

O memorando de Twing levou a força Aérea a criar um projeto secreto que determinasse se os discos voadores seriam ou não uma ameaça à Segurança Nacional. Esse projeto teve seus trabalhos iniciados em 22 de janeiro de 1948. Uma semana depois de o estudo ter se iniciado, vários civis e militares diziam ter visto, voando sobre a base da Força Aérea do Kentucky, uma coisa que parecia uma casquinha de sorvete com cobertura vermelha.

Nesse mesmo momento, quatro aviões F5, pertencentes à Guarda Nacional, levantaram voo para ver do que se tratava. O comandante dessa missão – o capitão Thomas Mantell – decolou, mas continuou mantendo contato com a torre. Em certo momento, ele disse: "parece um objeto metálico... Tremendamente grande... Está diretamente à minha frente ou um pouco acima... Estou me aproximando para ver melhor". De repente, a voz do piloto desapareceu por completo.

A torre tentou entrar em contato com ele, mas os esforços foram baldados. À tarde daquele mesmo dia, foi encontrado o corpo de Mantell entre os destroços de seu avião. O militar tinha a cabeça separada do corpo. Segundo a versão oficial, o capitão morreu de asfixia. Existia, entretanto, uma pergunta sem resposta: o que havia sobrevoado a base naquele dia? Que coisa fora perseguida pelo capitão Mantell? Que respostas a Força Aérea tinha para essas questões? A resposta oferecida foi muito simples: "Thomas Mantell morreu enquanto perseguia o planeta Vênus, que ele confundiu com um disco voador". Essa explicação, por certo, a ninguém convenceu e foi recebida com apupos e zombarias.

A Força Aérea, por seu turno, manteve-se em silêncio. Passaram-se três dias e foi a Marinha que veio à cena fazer uma revelação: na época do caso Mantell, naquela região, se fazia experiências com um balão de reconhecimento fotográfico chamado *Skyhook*. “Foi esse que o capitão estava perseguindo naquele dia”. Tal explicação era um pouco mais convincente do que a primeira, mas já estava muito tarde para a Aeronáutica recuar de sua explicação anterior.

Algumas pessoas passaram a desconfiar de que as Forças Armadas, principalmente a Aeronáutica, estariam mancomunadas em uma grande conspiração para impedir que a sociedade civil tomasse conhecimento da verdade sobre os OVNIS. Levantou-se a suspeita de que os militares estariam escondendo documentos e provas capitais sobre esse tipo de objeto.

Passaram-se seis meses. Um avião da *Eastern Airlines*, pilotado por Clarence Chiles e John Witted, piloto e copiloto, respectivamente, voava entre os montes Montgomery e Mobile, no Estado do Alabama. A aeronave estava a 1500 metros de altura. De repente, Chiles, Witted e alguns passageiros viram um aparelho com mais de 30 metros de comprimento. Não possuía asas e se assemelhava a um torpedo. Por trás do objeto, havia chamas, como as que são produzidas por um jato propulsor. Ao longo de seu formato roliço, havia algumas fendas que pareciam com pequenas janelas.

Assim que o Pentágono soube do acontecimento, preparou logo uma explicação: “O que se viu do avião naquele dia foi apenas um balão atmosférico”. Essa solução, todavia, foi logo afastada. Foram feitas, então, duas colocações que aqueceram o assunto: a primeira foi feita por J. Allen Hyneck, consultor da Força Aérea. Disse ele que nenhuma das explicações oficiais poderiam ser admitidas, se aceitássemos o relato na íntegra. A segunda veio de um astrônomo profissional, Donald Menzel. Segundo ele, o que se viu da aeronave foi um meteoro muito brilhante, e a imaginação se incumbiu de fazer o resto. A Força Aérea perfilhou, sem pensar um segundo, a tese de Menzel.

E o projeto SIGN? Depois do caso do avião da *Eastern Airlines*, os pesquisadores do projeto resolveram ousar bastante e concluíram que os OVNIS eram de origem extraterrestre. O chefe do Estado Maior, o general Hoyt Vannemberg, a quem foi dirigido o relatório, não só o desprezou, como também mandou que se queimassem todas as suas cópias.

Em 16 de dezembro de 1948, os militares conceberam um novo projeto, ao qual chamaram *Grudge.*[23] Esse, não estava encarregado, exatamente, de estudar o assunto, mas de oferecer ao público uma explicação natural para cada caso de aparição de OVNIS que pudesse surgir.

A primeira estratégia do Projeto *Grudge*, no sentido de influenciar a opinião pública contra os discos voadores, foi a seguinte: o jornal **Saturday Evening**

---

[23] **Grudge:** palavra inglesa que significa rancor, má vontade, provavelmente, o nome não fosse imotivado, mas revelasse a má vontade e o desgosto com que os militares encaravam este assunto.

Post passou a publicar artigos de Sidney Shallet, cuja finalidade era a de tentar desacreditar os objetos voadores e levar ao ridículo aquele que continuasse acreditando em tais coisas. Os artigos eram fortes e até mesmo contundentes, mas o próprio articulista afirmava que havia casos para os quais não possuía explicação. O povo, como se quisesse dar uma resposta à Força Aérea, aumentava o número de relatos, consideravelmente, naquele ano. A instituição vem a público com a mesma cantilena: "os discos voadores não existem, não passam de meras alucinações". Nós podemos explicar todos esses casos por meio de causas naturais.

Infelizmente, para os militares, o que conseguiu o *Projeto Grudge* foi irritar ainda mais a opinião pública e provocar respostas inesperadas. A sociedade civil, pela primeira vez, começa a se interessar vivamente pelo assunto e forma grupos particulares para estudar os OVNIS. Logo, os militares descobriram que *Grudge* fora um tiro que saíra pela culatra, uma vez que sua situação, em vez de solucionar o problema e fazer calar a opinião pública americana, serviu para colocar mais lenha na fogueira. Assim, os militares acharam por bem encerrar o *Projeto Grudge*, em 27 de dezembro de 1949.

O primeiro divulgador da teoria interplanetária foi uma publicação esotérica chamada *Fate.*[24] Raymond

---

[24] **Fate:** revista de bolso, especializada em assuntos como telepatia, mediunidade e reencarnação.

Palmer, o editor da publicação, havia editado anteriormente uma revista chamada **Narrativas Incríveis**. Nessa publicação, em 1945, editou-se uma série de histórias fantásticas, escrita por um soldado da Pensilvânia, Richard Shaver. Nos textos, é descrita a atuação sub-reptícia de anões, denominados *Deros*, que viveriam em profundas cavernas sob a Terra. Os *Deros* seriam responsáveis pela maioria das catástrofes ocorridas na superfície, assim como: guerras, naufrágios e mesmo crimes cometidos contra pessoas importantes. Esses anões conseguiam fazer tais coisas por meio de telepatia e de raios de origem desconhecida.

Por incrível que isso possa parecer, havia, nos Estados Unidos, pessoas que acreditavam firmemente na existência real dos *Deros*. A situação ficou, de tal modo séria, e fizeram tantos protestos, que Raymond Palmer se viu obrigado a terminar com tais narrativas. O último trabalho de Shaver ligava os discos voadores a uma raça que teria dado origem aos *anões*. Esses titãs – *Senhores*, como eram chamados – haviam partido para o espaço há 200[25] séculos e agora estavam de volta.

Em 1950, a teoria extraterrestre retorna através de um livro escrito pelo Major reformado do Corpo de Fuzileiros Navais, Donald E. Keyhoe. A obra foi intitulada: **The Flying Saucers are Real.** Ela passa ao leitor uma dose considerável de sinceridade por parte do

---

[25] Os Discos (pires) Voadores São Reais.

autor. Nesse trabalho, Keyhoe insiste bastante na tese da "conspiração militar", cujo objetivo seria esconder informações importantíssimas sobre os OVNIS. A tese de Keyhoe é a seguinte: A Terra, há mais ou menos 200 anos, tem sido cuidadosamente observada por seres de outros planetas. Tais relações se intensificaram a partir de 1947, por causa das pesquisas com energia atômica desenvolvidas na Terra. As diversas explosões atômicas, por certo, despertaram a curiosidade e o interesse extraterrestres, e/ou mesmo de outros sistemas. Para Keyhoe, os extraterrestres nos visitam com o objetivo de fazer uma longa e minuciosa pesquisa por aqui. Não desejam entrar em contato conosco, pelo menos, por ora, já que suas pesquisas ainda se encontram em curso.

Em 1951, Frank Scully, um colunista de Hollywood, escreveu um livro intitulado **Behind the Fling Saucers,**[26] que superava em muito, quanto ao aspecto imaginativo, a obra de Keyhoe. Segundo o seu relato, os discos viriam de Vênus e viajariam por propulsão magnética, na velocidade da luz ou um pouco mais rápido.

Os venusianos de Scully eram muito semelhantes a seres humanos. A grande diferença entre terrestres e venusianos é a estatura, pois esses últimos medem apenas cerca de 90 centímetros de altura. Acreditando em Scully, houve quatro tentativas, por parte dos

[26] Por trás dos discos voadores.

venusianos, de aterrissar em nosso planeta. Nas três primeiras, as naves bateram contra a Terra, sendo inteiramente destruídas e, na quarta, conseguiram pousar e depois partir incólume. Nos discos espatifados contra nosso solo, foram recolhidos corpos de astronautas venusianos que foram levados para estudos em laboratórios secretos do governo.

Outro livro que possui importância nesse contexto intitula-se: **Está um outro mundo nos espreitando?**. Também publicado em 1951 e escrito por Gerald Heard. Em razão da respeitabilidade do autor, o livro despertou certa atenção por parte dos interessados nesse assunto.

Do ponto de vista de Heard, os discos voadores existem e são originários de Marte. Os marcianos descritos pelo autor, não possuem forma humana, mas, de insetos. São abelhas gigantescas e muito mais inteligentes do que os seres humanos. As descrições que ele faz das abelhas marcianas, possuem os seguintes elementos: olhos que se assemelham a diamantes, presos a uma cabeça de safira. O tórax é de esmeralda, o abdômen, de rubi, asas de opalas e penas que lembram topázios. Encontramos nessa descrição, ecos do livro de "Daniel" e do "Apocalipse", o que a inscreve na série mitológica com alguma facilidade.

Quanto ao objetivo das abelhas marcianas é muito semelhante ao dos venusianos. Eles também estão preocupados com as explosões atômicas realizadas na

Terra. O nosso Sol – explica Heard – é uma cefeida[27] e, se as explosões atômicas continuarem em nosso planeta, o Sol poderá explodir. As nossas experiências atômicas teriam aumentado o tamanho das manchas solares, e é muito provável que os marcianos (notando esse fato) se sentissem ameaçados e viessem investigar o bicho homem mais de perto.

Os habitantes de Marte – continua Heard - há muito tempo vêm observando e tomando informações a respeito deste planeta, mas evitando entrar em contato conosco, para melhor executar a tarefa de observação. Tais seres colocaram em torno da Terra, algo como se fosse um satélite, uma gigantesca nave-mãe, da qual saem naves menores, naves filhas, para o trabalho de observar. Acredita ainda Heard, que as duas luas de Marte, *Phobos* e *Deimos*, são, de fato, plataformas para o lançamento de naves.

Paremos aqui para fazer uma pergunta ao nosso paciente leitor: o que tem todas essas coisas a ver com o Espiritismo? A resposta nos dá o próprio Allan Kardec na seguinte passagem de **O livro dos Espíritos**, questão 236:

> Nada é inútil na natureza; tudo tem seu objetivo, sua finalidade. Nada está vazio, tudo está habitado, a vida está por todos os lugares. Desse modo,

---

[27] **Cefeidas:** são estrelas pulsantes que se contraem e se dilatam. O nosso Sol não é uma cefeida.

durante a longa série de séculos que se escoaram antes da aparição do homem sobre a Terra, durante esses lentos períodos de transição atestados pelas camadas geológicas, antes mesmo da formação dos primeiros seres orgânicos sobre essa massa informe, nesse caos árido onde os elementos estavam desordenados, não havia ausência de vida. Seres que não possuíam nem necessidades nem sensações físicas como as nossas, nela encontravam refúgio. Deus quis que, até mesmo nesse estado imperfeito, a Terra servisse para alguma coisa. **Quem ousaria dizer que entre esses milhares de mundos que circulam na imensidão universal apenas um, um dos menores, perdido na vastidão, tivesse o privilégio exclusivo de ser povoado? Qual seria a utilidade dos outros? Deus os teria feito apenas para recreação dos nossos olhos? Suposição absurda, incompatível com a sabedoria que emana de todas as Suas obras e inadmissível quando se pensa na existência de todas as que não podemos perceber.** Ninguém contestará que nessa ideia da existência de mundos ainda impróprios à vida material e, entretanto, povoados de seres com vida apropriada ao seu meio, há algo de grandioso e sublime, em que se encontra, talvez, a solução de mais de um problema. [28] **(grifo nosso)**

---

[28] KARDEC, Allan. **O livro dos Espíritos**. Obra disponível em: <http://www.espirito.org.br/portal/download/pdf/les/le26.pdf p.> Segunda Parte, cap. 6, p.121.

O assunto volta a ser tratado no capítulo III, de **O evangelho segundo o Espiritismo.** Ali, a teoria da pluralidade dos mundos habitados tem como ponto de partida, a seguinte passagem de Jesus Cristo:

> Não se turbe o vosso coração – credes em Deus, crede também em mim. **Há muitas moradas na casa de meu Pai**; se assim não fosse, já eu vo-lo teria dito, pois me vou para vos preparar um lugar – depois que me tenha ido e que vos houver preparado o lugar – voltarei e vos retirarei para mim, a fim de que onde eu estiver, também vós aí estejais.

Kardec explica que, as diferentes moradas, citadas por Jesus, são os mundos que circulam pelo espaço infinito e oferecem aos Espíritos, que neles encarnam, moradas correspondentes ao adiantamento de cada um. Essas colocações autorizam os espíritas a acreditar, sem reservas, na possibilidade dos mundos habitados. Não se trata aqui de tomar medidas cautelosas e afirmar que só acreditarão na vida fora da Terra, quando a ciência a puder comprovar. É verdade que o espírita não pode ser uma pessoa ingênua acreditando na mitologia que envolve esse tema, sem a menor crítica. Não se quer que nossos confrades acreditem em abelhas marcianas e outras fantasias semelhantes, mas que confiem na nossa doutrina e admitam a existência de mundos habitados, já que esse é um dos fundamentos do Espiritismo.

Esse é um dos muitos casos em que o Espiritismo está à frente do saber científico e filosófico. A atitude aqui mais coerente para um espírita, não é esperar pela ciência como se essa tivesse sempre a última palavra em todas as questões, mas, tranquilamente, confiar em que, mais dia menos dia, ela conseguirá as provas que deseja. A ciência humana merece todo o nosso respeito, em relação ao esforço que faz para compreender a realidade que nos cerca; porém, possui graves limites, resultantes da evolução dos espíritos em nosso planeta. Por isso, não pode ser encarada como critério absoluto da verdade, não só nesse caso, como também em outros.

Décima Razão – A Tripartição da Doutrina dos Espíritos

Outro aspecto muito interessante da Doutrina Espírita é a sua tripartição em *Filosofia*, *Ciência* e *Religião*.

ASPECTO FILOSÓFICO

A palavra *filosofia* é de origem grega e formada por dois vocábulos: *philos*, que significa *gostar de*, *amar* e *sophia* que tem o sentido de *conhecimento*; assim, *filosofia* quer dizer: *amizade à sabedoria e filosofo, amigo do saber*. Segundo a tradição, o termo foi criado por Pitágoras de Samos, que, não desejando ser chamado de sábio, preferiu apenas ser conhecido como amigo do saber.

Nas suas origens, a partir da etimologia, a filosofia era uma forma de conhecimento que pretendia abarcar todos os possíveis saberes. Pouco a pouco, porém, algumas formas de conhecimento foram se desligando da filosofia e se tornando autônimas, como o Direito, a Sociologia, a História, a Geografia, a Medicina, a Física, a Biologia e a Química. Então, passou a ser formada por apenas cinco partes: a Psicologia, a Lógica, a Moral, a Estética e a Metafísica. Mais modernamente, alguns autores passaram a considerar o conhecimento filosófico apenas como a *ciência do ser enquanto ser*, ou *metafísica* e as outras quatro disciplinas passaram a pertencer ao campo das ciências. A definição clássica de filosofia é a atribuída a Aristóteles e Tomás de Aquino: "Filosofia é o estudo dos primeiros princípios e dos fins últimos". Immanuel Kant a definia como: "ciência das finalidades últimas da raça humana". Epicuro, porém, prefere a ideia de "ciência do bem viver". Augusto Comte, o criador do Positivismo, por seu turno, dizia que a Filosofia: "é a sistematização das ciências". A Filosofia trata dos problemas básicos do Universo e da existência humana, como a origem e o destino das coisas, a finalidade da vida. Estuda, ainda, a substância do ser em si. Seu objetivo maior é alcançar a Verdade e o Bem Conforme Augusto Comte

Vista essa breve introdução, podemos perguntar: Por que se pode considerar o Espiritismo como uma Filosofia? A resposta mais simples é a seguinte: ele é visto como filosofia, porque responde às magnas perguntas que o homem vem se fazendo ao longo de sua existência no planeta, ou seja: quem sou? De onde vim? O que faço sobre a Terra? Depois da morte, para onde vou? Nesse sentido, o Espiritismo é uma espécie de metafísica que possui alguns pontos fundamentais na constituição de seu compromisso com a Filosofia. Encontramos esses pontos em **O livro dos Espíritos,** são eles: A existência de Deus como causa primária das primeiras causas; a existência da matéria que forma um mundo à parte do mundo espiritual; a existência dos espíritos, considerada como o princípio inteligente do Universo. Assim, Deus, espírito e matéria formam uma espécie de trindade, de onde todos os seres se originam.

O livro onde se encontra a filosofia espírita é, o já citado, **O livro dos Espíritos**, publicado em Paris, no dia 18 de abril de 1857. Essa obra, em sua primeira edição, foi publicada em formato grande, in-8º, com um total de 176 páginas. Apresentava o assunto distribuído em duas colunas. Possuía então três partes que constavam de 501 perguntas, com as respectivas respostas. Os títulos de cada uma da partes eram os seguintes:

1ª Parte: Doutrina Espírita. Composta de 10 Capítulos

2ª Parte: Leis Morais. Composta de 11 Capítulos.

3ª Parte: Esperanças e Consolações. Composta de cinco Capítulos.

A edição moderna possui quatro partes, com uma introdução e prolegômenos. O total de perguntas é de 1119.

1ª Parte. Das causas Primárias. Composta de quatro Capítulos.

2ª Parte. O Mundo Espírita ou o Mundo dos Espíritos. Composta de 11 Capítulos.

3ª Parte. Das Leis Morais. Composta de 12 Capítulos

4ª Parte. Das Esperanças e Consolações. Composta de dois Capítulos.

A primeira parte trata da raiz do pensamento metafísico-religioso: *Deus*. Seguem-se questões comuns à Teologia tradicional, como:

- Deus e o Infinito
- Provas da existência de Deus
- Atributos da Divindade
- Panteísmo

Nessa primeira parte, a filosofia espírita não se afasta muito do pensamento religioso das correntes tradicionais, uma vez que afirma:

- Deus existe.
- Deus é Eterno, Imutável, Imaterial, Único, Onipotente, soberanamente Bom e Justo.
- Deus criou o Universo que abrange todos os seres animados e inanimados, materiais e imateriais.

É na segunda parte, que se encontra a grande novidade em relação às outras crenças, que sempre haviam tratado a questão dos espíritos de modo vago. O Espiritismo aprofunda o tema, de forma jamais feita antes. Neste espaço, são colocadas as seguintes questões:

- Existem dois mundos: o corpóreo ou material, e o espiritual ou mundo visível e o invisível. O espiritual é o normal, primitivo, eterno e preexistente a todos os seres que existem.

- O espiritual pode existir sem o mundo material.

- Os Espíritos se revestem, temporariamente, de um invólucro material, que abandonam, por ocasião da morte.

- A alma é um espírito encarnado, sendo o corpo apenas seu invólucro.

- Há no homem três elementos:

  - ✓ Um corpo físico, análogo ao dos animais pelo mesmo princípio vital.

  - ✓ Alma ou ser imaterial, espírito encarnado em um corpo.

  - ✓ Perispírito. Laço que prende a alma ao corpo, princípio intermediário entre a matéria e o Espírito. Tem, assim, o homem duas naturezas: pelo corpo participa da natureza dos animais, cujos instintos lhe são comuns; pela alma, participa da natureza dos Espíritos.

  - ✓ O Espírito conserva, depois da morte, o seu corpo etéreo, invisível para nós em seu estado normal, porém, que pode se tornar visível ou mesmo tangível, como acontece nos fenômenos das aparições.

  - ✓ O Espírito não é uma abstração que só se pode conceber pelo pensamento. É um ser real, circunscrito, que, em certos casos, pode ser visto, ouvido e mesmo tocado.

✓ Os espíritos pertencem a diferentes classes e não são iguais, nem em poder, inteligência, saber ou moralidade. Os de primeira ordem são os Espíritos superiores que se distinguem dos outros, por sua perfeição, conhecimentos, proximidade de Deus, pela pureza de seus sentimentos e pelo amor ao bem: são os anjos, ou puros espíritos. Os espíritos das outras classes se acham cada vez mais distantes dessa perfeição, mostrando-se, os de categoria inferior, eivados de nossas paixões: o ódio, a inveja, o ciúme, o orgulho, entre outros sentimentos menores. Comprazem-se no mal. Há também entre os inferiores, os que não são nem bons nem maus, sendo apenas mais perturbadores ou enredadores do que perversos. A malícia e as inconsequências parecem ser o que neles predomina. São os chamados espíritos levianos.

Todas essas informações e outras mais, nos dão uma ideia coerente sobre a vida espiritual, deixando claro que a vida depois da morte continua plena e com todas as características, excetuando-se, naturalmente, a presença do corpo físico, que possuía no plano encarnado. Essa é, de fato, uma teoria que só o Espiritismo defendeu (a continuidade da vida, nas outras religiões ocidentais Catolicismo e Evangelismo) a continuidade da vida, na teologia católica, por exemplo, está muito longe e de ser verdadeira em virtude de ideias teológicas como Céu e Inferno, salvação e perdição; assim continuo pensando que apenas a Doutrina Espírita defende a imortalidade da alma no Ocidente de modo a nos mostrar que de fato a vida continua plenamente, e o interessante é que não nasceu da imaginação de um só homem, mas do ensino de muitos espíritos que se comunicaram em lugares diferentes e por médiuns diversos.

Ao se chegar aqui já se pode responder, munidos das informações de **O livro dos Espíritos**, às perguntas que fizemos no início deste capítulo. Quem sou eu? Um Espírito, uma criatura imortal, criada por Deus. Venho do plano espiritual, ou seja, de uma dimensão onde habitam os desencarnados. Estou na Terra para dar continuidade a um processo evolutivo que iniciei, quando saí das mãos de Deus, simples e ignorante. Depois de minha morte, volto para o Plano Espiritual, onde permanecerei por certo tempo até voltar a nascer neste planeta para continuar o meu progresso a caminho da luz. Essas respostas às questões anteriores me parecem as mais lógicas e seguras de tantas quantas eu pude conhecer.

O ASPECTO CIENTÍFICO

Conceito e divisão das ciências

A palavra ciência significa *conhecimento, saber*. Em sentido estrito, devemos entender por *ciência* um conjunto de proposições evidentes ou certas, necessárias e universais, capazes de dar sobre o seu objeto, o conhecimento pelas causas. A essas características, pensadores de formação positivista acrescentaram ao conceito a possibilidade de prever os fatos científicos, e isso afastaria desse campo certos conhecimentos como os chamados *histórico-sociais*.

As ciências, ao longo do tempo, foram objeto de inúmeras classificações. A mais antiga é a de Aristóteles (384 a.C.- 322 a.C.), filósofo grego natural de Estagira. Conforme esse pensador, haveria a seguinte possibilidade de classificar os saberes:

- ✓ As ciências Teóricas: Matemática, Física e Filosofia.
- ✓ Práticas: Moral, Economia e Política.
- ✓ Estéticas: Poética, Retórica e Dialética.

O Escritor e político inglês Francis Bacon (1561-1626) propôs também uma classificação que é a seguinte:

- ✓ Ciência da memória: Memória.
- ✓ Da imaginação: Poesia, Drama e Alegoria.
- ✓ Da razão: Filosofia.

Uma terceira visão é a de Augusto Comte (1798 – 1857), na qual, temos:

- ✓ Matemática.
- ✓ Astronomia.
- ✓ Física.
- ✓ Química.
- ✓ Biologia.
- ✓ Sociologia.

Em nossos dias, desenvolveu-se um tipo de classificação, oriunda do saber acadêmico e conforme esse sistema teríamos as seguintes vertentes:

- ✓ As ciências matemáticas puras: Aritmética, Geometria e Álgebra.
- ✓ Aplicadas: Mecânica e Astronomia.
- ✓ Físico-químicas: Física, Química, Mineralogia e Geologia.
- ✓ Naturais ou biológicas: Botânica, Zoologia, Antropologia e Etnologia.
- ✓ Morais ou Sociais: Psicológicas (Psicologia, Lógica e Estética); Históricas (História, Geografia e Cronologia); Político-sociais (Sociologia, Direito, Economia e Pedagogia).

Visto esse aspecto classificatório, vamos continuar este estudo, verificando as relações entre a Doutrina Espírita e as ciências. Allan Kardec, escrevendo sobre o tema, anotou em **A gênese,** capítulo VI, p. 223.

> Nesse último século, principalmente o método experimental – o único verdadeiramente científico – foi posto em prática nas Ciências Naturais e, com sua ajuda, o homem se despojou, sucessivamente, dos conceitos da antiga Escola e das teorias especulativas, para se restringir ao campo da observação e cultivá-lo com atenção e inteligência.[29]

Nesse trecho, o Codificador traz à baila o *método experimental*, cujas etapas são as seguintes:

- Observação;
- Hipótese;
- Experimentação;
- Lei.

Kardec ainda faz uma crítica ao saber filosófico ou meramente especulativo, que não passando pela observação, não chega à experiência. Fica ainda explicitado que, se o Espiritismo pretende ser uma ciência, deverá perfilhar o método experimental, próprio das ciências físicas e naturais, e o único que pode arrogar para si o qualificativo de *científico*. Note-se que, em virtude de sua coerência, Kardec, então, valendo-se da observação e, seguindo as demais etapas do método que ele privilegia, descobrirá o agente inteligente que se encontrava por trás do fenômeno das mesas girantes

[29] KARDEC. Op. cit. p.67, 68 e 71.

e, com isso, nascerá o Espiritismo. Prossigamos com o nosso estudo:

> Sim, a ciência do homem é sólida e fecunda, digna de nossas homenagens, por seu passado difícil e longamente experimentado, digna de nossas simpatias pelo seu futuro, pleno de descobertas úteis e proveitosas, porquanto, doravante, a natureza é um livro acessível às pesquisas do homem estudioso, um mundo aberto às investigações do pensador, uma religião brilhante que o espírito humano já visitou e pela qual ele pode avançar, arrojadamente, tendo em mãos, como bússola, a sua experiência. [30]

Observe o leitor como Allan Kardec faz um claro elogio à ciência, ao dizer que é sólida e fecunda. Denuncia, o Codificador, os obstáculos colocados nos caminhos da ciência no passado e nos lembra que sua utilização futura nos trará, como de fato aconteceu, descobertas úteis e proveitosas para a humanidade. Basta lembrar aqui os notáveis progressos da Genética e da Medicina, entre outras ciências contemporâneas. Assim, não mais a natureza deve ser compreendida como um lugar inacessível aos seres humanos uma especial *locus divinus* um território de Deus, mas um livro escrito em linguagem matemática, ao qual um homem iniciado na linguagem científica pode ter acesso.

---

[30] KARDEC. Op.cit. p. 68.

Assim diz Kardec, ainda na Gênese Espírita, que o Espiritismo procede do mesmo modo que as ciências da natureza, ou seja, em sua pesquisa da realidade objetiva vale-se do método experimental. Apresentam-se, prossegue Kardec, fatos novos que não podem ser explicados por meio das leis conhecidas. No passado, se interpretava tais eventos como mistérios de Deus, coisas vedadas à compreensão humana, ou então, fatos milagrosos ou demoníacos. O Espiritismo, porém, observa esses fatos, compara-os, analisa-os e, remontando dos efeitos às causas, chega às leis que os rege. Assim, fica bastante evidente que o Espiritismo não estabeleceu nenhuma teoria preconcebida. Em outras palavras, não apresentou como hipóteses explicativas nem a existência nem a intervenção dos espíritos, nem a presença do perispírito, nem a reencarnação, tampouco qualquer outro princípio derivado da Doutrina dos Espíritos. Desse modo, Kardec só concluiu pela existência dos espíritos, quando os fatos observados evidenciaram essa existência. Não foram os fatos que, mais tarde, vieram confirmar a teoria como, em geral costuma acontecer, mas foi a teoria que veio explicar os fatos. Por isso, é legítimo afirmar que o Espiritismo é uma ciência experimental, nascida da observação e não produto da imaginação alterada de alguns visionários, como no passado disseram a respeito dele.

Assim lembra Kardec, o fato vem sempre à frente da teoria. No mundo espiritual, existem espíritos desencarnados que, em razão do perispírito e de conservarem as suas emoções no além-túmulo, desconhecem que não mais pertencem ao mundo material. Isso é um fato, entretanto, não veio até nós um espírito para nos dar essa informação. Como eles agiram? Limitaram-se a provocar manifestações claras e objetivas para que pudessem ser observados. Foi possível, então, aos encarnados, ver e ouvir desencarnados que imaginavam não ter morrido e se ocupavam das coisas que faziam quando estavam no plano físico. A repetição desse fato mostrou que os estados de confusão não eram esporádicos, mas sim, aconteciam com certa regularidade. Assim, as experimentações (invocações) confirmaram a hipótese e, mais tarde, possibilitaram uma regra geral: muitos, logo depois do desencarne, não ficam cientes de tal modificação de estado. E o despertar pode durar semanas, meses e até anos.

Do que se viu até aqui, pode-se estabelecer uma analogia entre o Espiritismo e as ciências materiais. Essas últimas buscam conhecer as leis naturais que regem os fenômenos da matéria. O Espiritismo tem por objetivo a descoberta das leis espirituais que orientam fenômenos do Espírito. Explicando a interação entre a ciência natural e a espírita, escreveu Kardec: em **A gênese,** cap. I, item 16.

> Assim como a Ciência propriamente dita tem por objeto o estudo das leis do princípio material, o objeto especial do Espiritismo é o conhecimento

> das leis do princípio espiritual. Ora, como este último princípio é uma das forças da Natureza, a reagir incessantemente sobre o princípio material e reciprocamente, segue-se que o conhecimento de um não pode estar completo sem o conhecimento do outro. O Espiritismo e a Ciência se completam reciprocamente; a Ciência, sem o Espiritismo, se acha na impossibilidade de explicar certos fenômenos só pelas leis da matéria; ao Espiritismo, sem a Ciência, faltariam apoio e comprovação. O estudo das leis da matéria tinha que preceder o da espiritualidade, porque a matéria é que primeiro fere os sentidos. Se o Espiritismo tivesse vindo antes das descobertas científicas, teria abortado, como tudo quanto surge antes do tempo.

Uma das maiores dificuldades das pessoas religiosas, capazes de pensar criticamente, é a questão dos *dogmas*, ou das verdades impostas por autoridades eclesiásticas. Tal conceito fica bastante complexo, quando a verdade dogmática da religião colide com os fatos observados em laboratório, ou mesmo em pesquisa de campo, ou com os conceitos científicos. Esse fato colocou em campos opostos, inclusive historicamente, religião e ciência. Por isso, muitos homens de ciência, como Galileu Galilei, Miguel Servet, Giordano Bruno, entre muitos outros, pagaram um preço considerável pelo fato de suas descobertas contestarem as verdades religiosas. Mais modernamente, as obras de Darwin e Freud foram colocadas no *Index Librorum*

Prohibitorum[31] e sua leitura, desaconselhada pelos líderes religiosos.

Uma das maiores virtudes da Doutrina Espírita, de nosso ponto de vista, é a firme aliança que o Espiritismo estabeleceu com o racionalismo e com as ciências positivas que vigoravam no século XIX. Abordando esse assunto, escreveu Allan Kardec em **A gênese**:

> A inteligência humana elevou suas poderosas concepções acima dos limites de espaço e do tempo; ela penetrou no domínio inacessível das antigas eras, explorou os mistérios dos céus insondáveis, explicou os enigmas da criação. Sob os olhares da ciência, o mundo exterior desenvolveu o seu esplêndido panorama, a sua magnífica opulência e os estudos do homem, o conduziram ao conhecimento da verdade. Ele explorou o Universo, encontrou as expressões das leis que o regem e a aplicação das forças que o sustentam e, se ainda não lhe foi dado observar, frente a frente, a Causa Primária, pelo menos chegou à noção matemática das causas secundárias. [32]

Esse parágrafo inicial é uma exaltação à inteligência humana, tida como uma instância capaz de explicar os mistérios da criação e buscar a verdade

---

[31] Índice dos livros proibidos pela Igreja Católica.

[32] KARDEC, Allan. **A gênese**. Rio de Janeiro: CELD. p. 71, VI.

possível. Ela descobre as leis que regem o Universo e, embora, ainda não seja competente para compreender a Inteligência Universal, já consegue matematizar as leis secundárias e compreendê-las. Estamos, aqui, com uma posição inteiramente contrária àquela esposada pelas religiões tradicionais.

Na Gênesis Bíblica, no mito de Adão e Eva, há uma passagem bastante interessante para o nosso estudo. Ali, se diz que, no paraíso, tudo era lícito ao primeiro casal, exceto experimentar duas árvores, a Árvore da Vida e a do Conhecimento do Bem e do Mal. Quanto à segunda árvore, havia uma terrível punição a quem colhesse seus frutos: "Mas da árvore do conhecimento do bem e do mal não comerás, porque no dia em que dela comerdes tereis que morrer". [33]Por esse texto fica evidente que Iahweh não desejava que o homem tivesse conhecimento do bem e do mal, vivendo uma vida imerso na natureza com os outros animais. O texto bíblico deixa claro que existe uma espécie de competição entre Deus e o homem, o homem buscando afirmar a sua humanidade e Deus tentando impedir esse processo.

Outro caso muito semelhante a esse é o da Torre de Babel que também se encontra no livro bíblico da *Gênesis*, capítulo 11, versículos 1 a 9. Dessa vez, os homens concebem o projeto de construir uma grande torre de tijolos cozidos, betume e argamassa

---

[33] Ge, 2: 17.

que deveria atingir o céu. Iahweh sente-se ameaçado e desce à Terra para impedir que os homens levem a bom termo tal projeto. E, para isso, o que faz? Depois de concluir que falar a mesma língua causava a união dos homens, e lhes dava poder até mesmo de desafiar o próprio Iahweh, a divindade lhes confunde a língua, criando a desarmonia e o desentendimento, pondo fim, desse modo, ao projeto humano.

No mito do dilúvio universal (Ge, 2: 5 a 22) tal oposição chega ao máximo, pois Iahweh se mostra arrependido de ter criado a humanidade e resolve destruí-la. Essa oposição, sob variados disfarces, prosseguiu e prossegue ainda no seio das chamadas grandes religiões. Nelas, Deus continua sendo o Senhor absoluto e inquestionável de todo o saber. Todo esforço do homem para buscar um tipo de saber mais sofisticado ou mais complexo é considerado como coisa do Demônio, pois, em verdade, é um desafio a Deus. Daí emerge a ideia que se resume na frase: *os desígnios de Deus são vedados à compreensão humana.* Essa concepção aparece no seguinte mito:

> Conta-se que um grande teólogo da Igreja, estando na praia, ocupado em compreender o dogma da Santíssima Trindade, viu um menino que se ocupava de uma tarefa que despertou-lhe a curiosidade. O menino corria até a água, colhia um pouco dela em um baldinho e vinha colocá-la em um buraco que havia feito na areia. Curioso com o que via o menino fazer, chamou-o e lhe perguntou:

– O que fazes menino?

– Estou pegando a água do mar e colocando-a neste buraco aqui.

– Para quê?

– Sim, Senhor. Quero colocar nele toda a água existente no mar.

– Mas isso é uma loucura. Como podes pensar que toda a água do mar cabe neste buraquinho?

– Bem, Senhor, como eu não posso pôr toda a água do mar neste buraco, o Senhor também não pode compreender os mistérios de Deus.

O menino, que, de fato, era um anjo, desapareceu, e o sábio, compreendendo a mensagem que lhe fora passada, voltou para a sua igreja e deixou de pensar nos mistérios divinos

A partir da rigidez dessa posição, a ciência passou a ser vista pela religião com desconfiança e mesmo com hostilidade. Essa dimensão racional do Espiritismo impede a existência, na doutrina, de diversas crenças irracionais que prosseguem em outras religiões. Entre elas, lembramos:

A CRENÇA NOS SANTOS

Os espíritas não possuem o culto aos santos, e por quê? Muitas são as respostas; entretanto, a que mais nos interessa, neste capítulo, é a associação desse culto com a mitologia antiga, o que faz com que a crença caminhe pela estrada da irracionalidade e se afaste do fundamento da Doutrina dos Espíritos: a *racionalidade*.

Depois de Constantino, quando as religiões pagãs foram destronadas e seu panteão destruído, ficou um espaço vazio, de que o imaginário popular se ressentia. Era, portanto, necessário que esse espaço voltasse a ser preenchido pela religiosidade emergente. Foi assim que surgiram os santos, cuja finalidade era a construção de um novo panteão, onde os antigos deuses foram substituídos pelas entidades que se cultuam até hoje. Neste capítulo, vamos examinar apenas os casos que resultaram de adaptações da mitologia clássica.[34]

Os pagãos adoravam Baco ou Dioniso, o deus do vinho e do teatro, e a ele dedicavam duas festas, uma no campo (Dionisas rurais) e outra na cidade (Dionisas urbanas). Os primeiros cristãos, então, para aproveitaram o espaço de culto já existente, criaram duas santas: Santa Urbana e Santa Rústica. O mesmo Baco possuía como amante uma semideusa, que se chamava Aura e visitava a Terra na época dos ventos plácidos ou calmos, daí surgiram Santa Aura e São Plácido.

---

[34] Para um estudo mais detalhado, ver o meu livro **Os servos de Deus**. Ed.Lorenz, 2007.

A história de Nossa Senhora das Dores é também muito curiosa. Duas grandes mães antigas, Diana (a Ártemis grega) e a deusa assíria Ishtar, eram representadas levando nas costas carcases, (Carcas é um porta-flechas, coldre.[35]) dispostos de tal modo que as flechas pareciam sair por suas costas, daí nasceu, na Idade Média, a Nossa Senhora das Dores atravessada de espadas que, cristianizadas, representavam as dores de Maria por seu filho injustamente morto.

Na antiguidade, os deuses poderiam ter mais de um nome, segundo os favores prestados, as funções exercidas e os locais que eles protegiam ou onde teriam sua origem. Esse modelo foi assumido pelo Catolicismo e, desse modo, a mãe de Jesus passou a ter uma infinidade de nomes. Tais como:

- Nossa Senhora do Parto, ou do Bom Parto, ou ainda da Boa Hora.
- Nossa Senhora de Lourdes. (Aparecida em Lourdes, na França.)
- Nossa Senhora de Fátima. (Manifestou-se a pastorinhos em Fátima, Portugal.)
- Nossa Senhora de La Salete.
- Nossa Senhora de Sião.

---

[35] Ver o Dicionário Michaelis 2000 da Seleções Readers Digest.

- Nossa Senhora dos Bem Casados (derivada por certo de Hera, a esposa de Zeus e protetora das uniões legítimas).
- Nossa Senhora Mãe dos homens.
- Nossa Senhora do Bom Conselho.
- Nossa Senhora da Boa Morte.
- Nossa Senhora da Vitória.
- Nossa Senhora da Conceição.
- Nossa Senhora do Rosário.
- Nossa Senhora dos Pobres.
- Nossa Senhora dos Ricos.
- Nossa Senhora da Paz.
- Nossa Senhora do Ó.
- Nossa Senhora das Neves.
- Nossa Senhora do Desterro.
- Nossa Senhora da Penha.

Até aqui vimos casos de adaptação, entretanto, outros casos houve em que o nome da divindade pagã foi trazido para o panteão da igreja, literalmente como aconteceu com São Hermes (deus Hermes, dos romanos) e São Nicanor (derivado do nome de uma divindade solar venerada no mês de janeiro). No mês de fevereiro, os antigos comemoravam o dia de Sóter (O Salvador) em homenagem a Baco e Ephobios, em honra de Apolo. Esses passaram para o Catolicismo com o nome de São Sotero e São Ephebeo. No mês de abril, nos dias 8 e 9, eram comemoradas as festas de S. Dioniso e S. Demétrio que derivam das comemorações gregas em homenagem a Dioniso ou Baco, filho de Zeus e Sêmele, princesa tebana.

O inacreditável é que, até no Hades grego, o *Mundo dos Mortos*, em sua região mais profunda e pavorosa, os fazedores de Santos foram e, de lá, retiraram Santa Gorgônia, uma das irmãs Górgonas que, na mitologia, simbolizavam as trevas mais longas do ano. Para levar um pouco mais longe este estudo, vamos nos lembrar de Santo Eloy, protetor dos ferreiros, que outro não é senão Hefaístos, o mesmo Vulcano dos romanos. Do mesmo modo, ainda temos os seguintes santos extraídos da mitologia:

- São Nicolau, revive o deus Posêidon, o mesmo Netuno dos latinos.
- São Pedro, enquanto porteiro do céu, outro não é senão Janus, o porteiro do Olimpo.
- Santo Humberto é uma representação de Diana, a protetora dos caçadores.
- Nossa Senhora do Parto, em verdade uma cristianização da deusa Ilítia.

A IDOLATRIA

A primitiva igreja repelia com veemência o culto das imagens, que havia sido condenado no Concílio de Niceia em 754. Tal impedimento se baseara no Decálogo, no qual a idolatria se encontra explicitamente proibida. Os primeiros padres, como Clemente de Alexandria e Tertuliano, viam com profundo desgosto tal culto, a ponto de negar o batismo àqueles que fabricassem ídolos, e eram, assim, considerados pagãos renitentes e idólatras.

A Igreja, então, considera o culto de imagens uma abominação e fica extremamente incomodada quando os maometanos diziam com sarcasmo que os cristãos eram adoradores de ídolos. Para minorar a situação, o imperador de Constantinopla, Leão, o Isáurio, decretou que as imagens não poderiam mais ser objeto de adoração, podendo, entretanto, ser usadas como objetos de adorno, na arquitetura de determinados prédios.

O povo, tanto no Ocidente como no Oriente, ficou indignado com a atitude do Imperador e, assim, começaram os levantes contra os iconoclastas. A situação ficou tão complexa que o Papa Gregório II decidiu excomungar o Imperador, o que o fez romper por completo os laços de sua união com o papado de Constantinopla, que vinham desde o tempo do Imperador romano, Constantino. Desde então, o papado de Roma torna-se autônomo.

A atitude da igreja não tinha por causa a simpatia pelo culto das imagens, mas era um comportamento meramente político. Gregório II usou a reação ao decreto de Leão, o Isáurio, para acelerar a separação entre a Igreja Ocidental e Oriental. O segundo Concílio de Niceia, em 787, deu o primeiro passo no sentido de oficializar o culto às imagens, consagrando e oficializando o uso e a veneração das estátuas de Jesus e de santos, denominando de culto de *dulia*, reservando para Deus a *latria* ou adoração.

Logo, o culto da *dulia* (dos santos e santas) tomou vulto rapidamente e, naturalmente, desenvolveu-se em torno desse culto uma indústria de ídolos que espalhou por todo o mundo cristão uma grande quantidade de imagens, nem sempre caracterizada pelo bom gosto e pela criatividade, parecendo que eram feitas a partir de um modelo único, e isso fez o bispo Gasparino afirmar: esses santos e santas são tão parecidos, que temos a impressão de que todos eles são irmãos.

É claro que os espíritas não podem ser idólatras, uma vez que isso seria resultado direto da ligação com santos, o que não existe em nossa doutrina. Tal culto é, antes de qualquer coisa, externo, ou seja, visa que o fiel consiga resultados materiais. O Espiritismo, por seu turno, não tem essa mesma proposta. O que o espírita persegue é a reforma íntima, a mudança de comportamento moral e isso não depende de forças externas, mas da vontade de cada um de eliminar os maus comportamentos para adquirir outros; daí, dizer que se conhece um "verdadeiro espírita", por sua transformação moral e pelo esforço que faz nesse sentido.

Com isso, nós, os espíritas, não usamos pulseiras, colares, anéis, com imagens de santos, ou qualquer tipo de símbolos, como a estrela de Salomão, as figas, santinhos de metal, entre outros. Não é também uma prática espírita ter em casa oratório com santos, garrafas de vinho, pires com doces, estrelas do mar, rosários, bentinhos e outros quaisquer objetos de culto material.

DAS RELÍQUIAS

Desenvolveu-se na Idade Média um culto, segundo o qual, a posse, ou mesmo a visão, ou o toque, em uma relíquia poderia obrar maravilhas. O que era uma relíquia? Assim eram chamados os objetos, itens que pertenceram a um santo ou que a eles estivessem ligados, o corpo ou partes dele e coisas semelhantes. O culto às relíquias encontra-se intimamente relacionado com o culto aos santos e, infelizmente, tornou-se uma fonte de lucro. Em torno disso, se criou uma verdadeira indústria. Os vendedores de relíquias nem sempre respeitavam a inteligência de seus compradores, apostando muito mais nas emoções que pretendiam despertar com elas, do que no espírito crítico dos fiéis. Assim, muitas relíquias tornaram-se objeto de anedotas, como esta que passo a contar:

> Certo dia, o padre Marolles, indo à França, visitou a catedral da cidade de Amiens. Ali, lhe foi mostrada uma relíquia que se chamava "a cabeça autêntica de São João Batista". O visitante, tomado pelo mais legítimo sentimento de fé, disse: "Louvado seja Deus! Esta é a quinta cabeça de São João que beijo em minha vida".[36]

Um estudioso de religião, chamado Ludovico Lalanne, fez um trabalho de pesquisa, no qual mostra em que nível chegou a Igreja Católica, no caso das relíquias. Assim, apurando-se a quantidade de objetos autênticos, a igreja assinalava:

- Santo André: cinco corpos inteiros, seis cabeças e dezessete braços, pernas e mãos.
- Santana: dois corpos inteiros, oito cabeças e seis braços.
- Santo Antônio: quatro corpos e uma cabeça.
- Santa Bárbara: três corpos e duas cabeças.
- São Basílio: quatro corpos e cinco cabeças.
- São Braz: um corpo e cinco cabeças.
- São Clemente: três corpos e cinco cabeças.
- Santo Eloy: dois corpos e três cabeças.

---

[36] In Américo Correia Marques. **Erros e Mentiras de uma Seita**. Ed. Empreza Jornalística. Pág. 152.

- Santo Estevão: quatro corpos e oito cabeças
- São Jorge: 30 corpos.
- Santa Helena: quatro corpos e cinco cabeças.
- Santo Hilário: oito corpos.
- São João Batista: dez cabeças.
- Santa Juliana: vinte corpos e 26 cabeças.
- São Leger: cinco corpos, dez cabeças e doze mãos.
- São Pancrácio: trinta corpos.
- São Lucas: oito corpos e nove cabeças.
- São Filipe: três corpos, dezoito cabeças e doze braços.
- São Sebastião: quatro corpos, cinco cabeças e treze braços.[37]

Deregnaucourt, em sua **História do clero de Arras**, conta que, na Abadia de Flines, havia as seguintes relíquias autênticas: um fragmento da cruz de Jesus Cristo; cabelos da Virgem Maria; pedaços da esponja que um legionário embebeu em vinagre para dar a Jesus no Gólgota; espinho da coroa que esteve sobre a fronte de Jesus; o vaso de Maria Madalena (não se

---

[37] Esta referência se encontra no livro: MARQUES, Américo Correa. **Erros e Mentiras de Uma Seita**. RJ (Editora),1942.

diz que espécie de jarro seria); uma gota de sangue do Nazareno; um dedo de Santo Humberto; uma costela de São Nicolau; um pedaço da janela por onde entrou o anjo Gabriel para saudar Maria; um pedaço da pedra onde Deus escrevera os mandamentos dados a Moisés; um pedaço da vara de Arão, irmão de Moisés, entre outras relíquias menos cotadas.

Outra igreja francesa, em Chalon, afirmava, nada mais nada menos, ser possuidora do cordão umbilical de Jesus. Como se sabe, Maria e José, judeus praticantes, levaram Jesus para ser circuncidado no Templo, e essa mesma igreja afirmava possuir o prepúcio do Cristo. Em toda a França, havia cerca de dez templos que possuíam a mesma pretensão. O que não é menos assombroso é o fato de que havia pessoas que não duvidavam dessa relíquia e eram capazes de fazer sacrifícios para vê-las e investir grandes somas para comprá-las.

No livro intitulado **Revelações de Santa Brígida**, existe uma história não menos fantástica. Neste texto, a própria Virgem Maria revela à santa Brígida o seguinte:

> Logo que meu filho foi circuncidado, eu guardei a membrana com uma grande ventura, levando-a para toda a parte. Como poderia eu tê-la jogado fora, se foi gerada de mim sem pecado? Quando se aproximava o tempo de minha partida deste mundo, entreguei-a São João e pedi a ele que guardasse consigo.

OS MITOS E AS LENDAS

Em função de seu relacionamento com a racionalidade, o Espiritismo apresenta-se como uma religião despida de mitos e descrente das chamadas *lendas piedosas*, tão comuns em outras religiões. Para se ter uma ideia da incompatibilidade entre o racionalismo e essas narrativas, trazemos aqui algumas delas, dentre as que existem nas religiões tradicionais.

O Leite da Virgem Maria

Esse era um mito que, se a Igreja Católica não estimulava concretamente, jamais o condenou com firmeza. Só na França, existiram 69 igrejas que se vangloriavam de possuir esse precioso e sagrado líquido. Não era, entretanto, uma particularidade desse país possuir o leite de Nossa Senhora, pois o mesmo havia ainda na igreja de São Luiz em Nápoles; na de Santo Antônio; nas de São Nicolau, Santa Maria do Povo e Santo Aleixo, em Roma; na de São Marcos, em Veneza; na Santa Capela em Paris e em muitos outros templos, como em Reims, Aix, Toulon, Genova, Evron e Soisson.

Calvino, com toda a irreverência própria dos reformados, quando se tratava da Virgem Maria, dizia em seu **Tratado das religiões**:

> Não há um vilório, por menor que seja, nem convento por mais humilde que se diga, onde não se encontre o leite da Santa Virgem. Há tanto que, se a Santa Virgem tivesse sido uma vaca, e tivesse

sido leiteira por toda a sua vida, com grande custo poderia ter produzido leite em tal quantidade.

Em Nantes, essa relíquia recebeu o nome de Nossa Senhora do cria-leite, porque se dizia que, a mãe que não tivesse esse líquido em abundância, bastava contemplar a imagem da Virgem por alguns momentos para produzir leite em grande quantidade. O líquido que existe na igreja de Chartres, segundo a tradição, foi dado a São Fulberto, pela própria virgem, quando se achava atacado por uma oftalmia.

Esse culto do leite sagrado da Virgem Maria exerceu, na Idade Média, uma profunda influência e até quase em nossos dias encontravam-se exemplos. Em Tolosa, há manuscritos com antífonas e orações ao precioso, sagrado e bendito leite. Sobre esse item, chegou a ocorrer seu comércio, e os Cavaleiros Templários, inclusive, venderam aos cruzados garrafinhas com um líquido que diziam ser o virginal leite.

A Semana Santa

Outro tema constantemente envolto no véu diáfano do mito é o da Semana Santa. O padre Osório, em um notável texto, cujo título é **Mentiras religiosas**, chama atenção para o fato de que a Semana Santa seria a importação de festas e cultos pagãos de longínqua data. Na Frígia, possuíam um culto a um homem-deus que morreu flagelado e voltou à vida no terceiro dia. Em todos os anos na data de 21 de março, eram realizadas grandes festas que duravam três dias. O primeiro era consagrado ao luto. A multidão de fiéis vinha prostrar-se aos pés do Senhor-morto. Os sacerdotes mostravam as grandes feridas que ocasionaram a morte do deus e os crentes soltavam longos gemidos e lágrimas de desespero. No segundo dia, o luto pelo deus continuava severo e, no terceiro dia, ouviam-se músicas que, por um lado, inspiravam tristeza e, por outro, renovação e esperança. Ao fim, Atys (esse era o nome da divindade) ressuscitava. A alegria não tinha limites. Cantos de triunfo ecoavam por toda parte.

Outro deus que merecia uma festa bastante semelhante era Adônis, deus fenício, mas cuja origem se encontra na Mesopotâmia, onde era chamado de *Tamuz* e era amante da deusa *Ishtar-Astarté*. O seu mito era o seguinte: nos tempos míticos, havia um rei chamado *Teias*, que possuía uma filha, *Mirra* ou *Esmirna*, extremamente vaidosa, chegando, inclusive, a desejar competir em beleza com Afrodite, a deusa do amor. Por isso, foi duramente castigada, Afrodite a fez desenvolver uma paixão incestuosa pelo próprio pai.

Mirra desejava consumar o seu desejo, mas sabia que Teias jamais concordaria em deitar-se com ela. Então, cada vez mais ousada, pediu à Hipólita, sua aia, mulher rica em ardis, que a ajudasse em seu insensato projeto. A mulher conseguiu que Mirra, disfarçada como uma mulher estrangeira, deitasse com o próprio pai durante doze noites consecutivas. Na última noite, o rei, percebendo o engano, ficou furioso e tentou matar a filha que, para escapar, fugiu do castelo. Entretanto, como o rei estava em seu encalço, custasse o que custasse, a moça colocou-se sob a proteção dos deuses que a transformaram na árvore que possui o seu nome.

Meses depois, a casca da Mirra, começou a inchar como se a árvore estivesse grávida e, no décimo mês, ela deu à luz um belo menino que se chamou Adônis. Tal beleza tinha o menino, que Afrodite o tomou sob sua proteção e pediu, secretamente, a Perséfone, senhora do mundo dos mortos, que cuidasse da criança para ela. Ela aceitou a tarefa e o levou para o seu mundo sombrio. Quando Afrodite quis a criança de volta, Perséfone, que se apaixonara por ele, negou-se a devolvê-lo. Afrodite ficou furiosa com a recusa e, entre as duas, a hostilidade cresceu a tal ponto que foi necessária a intervenção de Zeus, que estabeleceu o seguinte: Adônis passaria um terço do ano no Mundo Inferior com Perséfone, o outro com Afrodite e o restante do ano com quem quisesse e onde lhe parecesse melhor. Em verdade, porém, o belo Adônis passava oito meses do ano com a deusa do amor. Mais tarde, não se sabe qual o motivo, Ártemis lançou contra o amado de Afrodite um javali enorme que o matou. Afrodite foi até seu pai, o grande Zeus, e pediu a ele para não perder para sempre o amado. O Crônida,[38] então, transformou o jovem em uma flor chamada *anêmona*, a flor da primavera, e permitiu que

[38] **Crônida:** Significa Filho de Cronos e é um dos epítetos de Zeus.

Adônis ressurgisse dos mortos e ficasse com Afrodite por quatro meses, tempo que a anêmona nasce e morre.

As festas dedicadas a esse deus possuíam dois momentos: um de tristeza, representando a morte do deus, e um de alegria, lembrando sua ressurreição. Assim, na Fenícia, as festas se abriam com grande dor, luto e recolhimento, devido à morte da divindade, depois vinha uma parte cheia de canto e alegria, festas e danças, pois havia voltado à vida. Os judeus conheceram essas festas. Por isso, o profeta Ezequiel censura as mulheres judias por derramarem lágrimas por Tamuz. Entre os gregos, havia grande procissões em que carros alegóricos transportavam imagens de deuses. Nesses carros, não raro estavam pombas brancas, as aves de Afrodite, cujo significado era o mesmo do das flores de laranjeira e grinaldas nupciais nos casamentos católicos. O padre Ozório, em seu livro, nos descreve o seguinte:

> Uma procissão iniciava a série de cerimônias criadas em louvor ao sacrifício e à ressurreição do homem-deus. Chegados onde deveria ficar a imagem do deus, os fiéis se prostravam reverentes. Sobre o flanco esquerdo da imagem do deus havia uma chaga sangrenta. Uma mulher, representando a mãe de Adônis, chorava em desespero, ao lado de outras mulheres que davam grandes demonstrações de desalento, como se os seus corações estivessem dilacerados por dores intensas.

> Quando o Sol estava prestes a desaparecer e a noite já se anunciava, havia o enterro do deus. Mas, no dia seguinte, anunciava-se a ressurreição e a tristeza cedia lugar à alegria.[39]

Não é difícil encontrar nesses antigos mitos orientais, pontos de contato com a Semana Santa. A festa cristã também possui dois momentos: no primeiro, o deus que é preso, flagelado e morto. Não faz muito tempo que a igreja católica cercava a quinta e sexta-feira Santas de uma sobriedade e tristeza que lembravam o luto. Não se ria, as rádios não tocavam músicas alegres, os cinemas só passavam filmes sacros, as imagens domésticas eram cobertas com pano roxo. Em um segundo momento, no domingo da ressurreição, as igrejas tocavam seus sinos alegremente e as pessoas ficavam felizes com a ressurreição de Adônis-Tamus-Cristo, sem se aperceber realmente do que estavam festejando.

A Páscoa

Outra festa inteiramente mítica é a Páscoa, na qual se festeja a saída do povo de Israel do Egito, o que acontece depois de algo sangrento, violento e injusto, chamado de *a matança dos primogênitos*. Segundo esse mito, Iahweh, depois de mandar contra o Egito nove pragas para forçar o Faraó a libertar o povo, ele culmina toda essa violência com a morte

---

[39] In Marques Correia. Op. cit.pag 157.ss

dos primogênitos (a décima e última praga), e o que é incrível, não só de humanos, mas também de animais. E o mais estranho desse mito é que o Faraó não permite que os hebreus deixem o Egito por vontade própria, mas porque a divindade do Sinai endurece-lhe o coração. Assim, o que se festeja na Páscoa muito pouca relação tem com Jesus, pois se trata da comemoração de um ato violento que não se poderia, de modo algum, ser atribuído a um Deus, com D maiúsculo.

A mitologia dos Santos

É, sem grandes dúvidas, no campo da hagiologia que se encontra a maioria dos mitos da Igreja Católica. São Cristóvão era um gigante que durante muito tempo serviu nas tropas de Satanás; São Jorge combateu um dragão que devorava os jovens de uma cidade não menos mítica; São Josafá revive o mito de Buda; Santa Bárbara era a antiga rainha das fadas; Santo Onofre, outro não era que não Osíris Onufer; Santa Górgonia era, em verdade, uma tentativa de cristianizar as pavorosas Górgonas da Mitologia Grega; assim, os exemplos podem aumentar *ad nauseam*.

ESPIRITISMO, RACIONALISMO E CIÊNCIA

Conforme já vimos em outra parte deste trabalho, o Espiritismo teve de esperar o amadurecimento do pensamento filosófico e científico. Por isso, Allan Kardec, em **A gênese** comenta: "Se o Espiritismo tivesse vindo antes das descobertas científicas, teria abortado, como tudo quanto surge antes do tempo".[40]

Em sua argumentação a favor do relacionamento íntimo entre a ciência e a Doutrina Espírita, Kardec lembra a antiga tese de Empédocles de Agriento sobre os quatro elementos fundamentais da matéria: água, ar, terra e fogo. A Ciência do século XIX, por meio da observação, havia chegado à conclusão de que havia um só elemento gerador de todos os outros. A matéria, porém, por si só, não possui vida, pensamento ou sentimentos. Para possuir essas coisas, seria necessário unir-se ao princípio espiritual, gerando, assim, as duas matrizes básicas da natureza: a matéria e o espírito; em linguagem cartesiana, a *res extensa* e a *res cogitans*, ou ainda, a coisa sensível (matéria), coisa que pensa (alma). Pela união desses dois elementos explica-se um grande número de fenômenos que, de outro modo, permaneceriam obscuros.

O Codificador lamentava que as pessoas acusem o Espiritismo de possuir parentesco com a magia e a feitiçaria. Kardec não nega inteiramente essa hipótese e lembra que a moderna Astronomia tem por ancestral a Astrologia, e a Química possui como mãe a Alquimia; entretanto, nenhum homem moderno e de alguma cultura confundiria hoje Astronomia e Astrologia; Química e

---

[40] KARDEC, Allan. **A gênese**. Obra disponível em: <http://www.autoresespiritasclassicos.com/Allan%20Kardec/A%20Genese/Allan%20Kardec%20-%20A%20Gênese.pdf>. Cap. I, item 16. p. 31.

Alquimia. O estudo, porém, dessas duas antigas ciências tem mostrado que elas possuíam verdade em embrião, que se encontram na Astrologia e na Química atuais. Não devemos nos esquecer de que essas duas ciências devem às suas ancestrais, certas descobertas que elas vieram mais tarde a desenvolver. Foi o interesse dos antigos astrônomos da Caldeia ou do Egito e suas descobertas sobre os movimentos dos astros, que facilitaram o trabalho dos modernos astrônomos.

O mesmo se deu com o Espiritismo, em relação à Magia e à feitiçaria. Muitos praticantes dessa mística eram médiuns notáveis que, com a colaboração dos espíritos, com os quais tinham pareceria, realizavam fenômenos impressionantes. Os magos eram excelentes manipuladores de certos fluidos, conheciam a hipnose, a imposição de mãos, por meio dos quais curavam algumas doenças, embora não soubessem as leis que regiam os fenômenos que praticavam. Em outras palavras, eles possuíam a técnica, mas não a ciência. Será o Espiritismo, enfim, que construirá um sistema metódico racional e experimental para explicar como esse fenômeno se dá.

Em continuidade, vamos examinar, dentro da codificação, quais seriam os livros que mais de perto expressam o aspecto científico de nossa doutrina. Dois livros, de nosso ponto de vista, podem ser chamados de científicos ou, pelos menos, mais científicos que outros: **O livro dos médiuns** e **A gênese: os milagres e as predições segundo o Espiritismo**.

O LIVRO DOS MÉDIUNS

O livro dos médiuns foi publicado em Paris, no dia 15 de janeiro de 1861, quatro anos depois do lançamento de **O livro dos Espíritos**, que veio à luz na mesma cidade, em 18 de abril de 1857. A obra procurava dar ao neófito do Espiritismo as informações corretas sobre o modo como devemos nos relacionar com os espíritos, de um ponto de vista experimental.

Uma publicação com o título de **O livro dos médiuns** pode nos passar a impressão de que se dirige, essencialmente, aos que possuem faculdades mediúnicas e desejam desenvolvê-las adequadamente. Isso é verdade, mas apenas em parte, uma vez que existe um grande número de pessoas que se interessam pela faculdade mediúnica sem possuir tal habilidade, ostensivamente. Estão, nesse caso, os pesquisadores, para os quais a mediunidade é matéria de estudo. Assim, lembra Allan Kardec, que escreveu e publicou esse livro para guiar tais pessoas, mostrando-lhes quais leis regem essa nova ciência, ou como se comportam os espíritos em determinadas situações experimentais. Por esse motivo, o leitor não deve se escandalizar se encontrar em tal obra instruções que, à primeira vista, parecem irracionais, ou mesmo descabidas. Entretanto, se tiver paciência de continuar o estudo, terá a oportunidade de descobrir a utilidade dessas instruções.

Kardec argumenta, e com toda a razão, que existam, muito provavelmente, pessoas que, ao se deparar com **O livro dos médiuns**, lamentem sua extensão ou a complexidade da linguagem e defendam a tese de que seria melhor um manual bem menor e mais prático, contendo, em poucas palavras, as regras básicas, na forma de "dicas", para que se entre em comunicação com os espíritos. Por certo, elas acreditarão que um livro assim, além de mais fácil, seria mais barato e mais facilmente se espalharia, fazendo excelente propaganda da nova doutrina. Uma obra assim, acentua Kardec, seria muito mais nociva ao movimento espírita nascente, do que útil, mas por quê?

O Espiritismo não é um assunto nem simples e nem fácil, e a tentativa de conhecê-lo bem, não se encontra isenta de percalços e inconvenientes, que só um estudo profundo, sério e honesto pode contornar. Se uma pessoa ignorante dessa matéria pegasse para ler um texto simples, e até mesmo simplista, pobre e incompleto, com informações resumidas e, com base nele, começasse as suas experiências, teria certamente grande problemas. Isso acontece entre nós, quando indivíduos "espíritas", que desprezam o estudo da Doutrina, se dedicam à experimentação mediúnica e podem acabar vítimas de teias obsessivas. Assim, **O livro dos médiuns** não se dirige a esse tipo de pessoa, mas àquelas que não encaram a mediunidade como um simples passatempo.

Kardec dá como exemplo o seu próprio caso. Ele havia, antes de ter editado **O livro dos médiuns**, publicado um *Manual de instruções prático*, cujo objetivo era orientar os médiuns em sua prática cotidiana. Essa obra esgotou-se em pouco tempo. Por certo, houve uma grande demanda, e a oportunidade de se fazer uma nova edição foi recusada por Allan Kardec por considerar que, embora o *Manual de Instruções* havia sido feito com todo rigor e seriedade, não era uma obra completa para que pudesse esclarecer, do melhor modo possível, todas as opções que possam ser encontradas pelos investigadores desse tema. Havia, então, que se publicar uma obra bem maior e mais detalhada que desse conta das necessidades de um estudioso. Esta foi **O livro dos médiuns**, que contribuiria para imprimir ao Espiritismo o caráter de disciplina científica, produzindo o afastamento dos caracteres frívolos e levianos que vêm nos fenômenos mediúnicos apenas como motivo de divertimento, e o que é pior: transformam a mediunidade em um meio fraudulento de se ganhar dinheiro ou poder.

A tudo o que foi dito até aqui, Allan Kardec acrescenta outra consideração. Ele se refere à má impressão que as experiências levianas e superficiais podem causar nas pessoas que se iniciam no conhecimento espírita, através dessas sessões pouco sérias. Acabam sendo responsáveis pelas ideias falsas a respeito do Mundo dos Espíritos, dando azo à zombaria e à crítica que, nesse caso, costumam ser bem fundamentadas. De tais reuniões, não raro, os incrédulos saem ainda mais incrédulos e com bons motivos para desconfiar da seriedade do Espiritismo.

A história do Espiritismo possui dois momentos distintos. Em um primeiro momento, houve um espaço ocupado pelas mesas girantes, o mediunismo foi uma prática que visava principalmente à diversão da classe burguesa, ao se reunir em salões para fazer perguntas à mesa ou a um simples chapéu. Em uma segunda fase, a mediunidade tornou-se objeto de filosofia e ciência, criando para si um método próprio de pesquisa e experimentação. Essa mudança foi de grande importância, porque atraiu, para a causa espírita, muitas pessoas intelectualmente sérias, inclusive cientistas europeus e americanos. Sem dúvida alguma, posto que mais difícil, o caminho intelectual tem sido muito mais útil ao Espiritismo do que a simples fé não raciocinada e a manifestação de espíritos a torto e a direito, sem maiores critérios.

O Espiritismo não é, entretanto, uma obra pronta e acabada. Está sempre pronta a se revisar e acolher novas ideias para que não fique na contramão da ciência, ou incorrer no que seria mais grave ainda: negando os fatos, por não se enquadrarem em seu modelo. Tratando da segunda edição de **O livro dos médiuns**, o Codificador deixa clara essa atitude dinâmica da Doutrina Espírita. Vejamos as palavras do próprio Kardec:

Importantes alterações para melhor foram introduzidas nesta segunda edição, muito mais completa do que a primeira. Acrescentando-lhe grande número de notas e instruções do maior interesse, os Espíritos a corrigiram, com particular cuidado. Como reviram tudo, aprovando-a, ou modificando-a à sua vontade, pode dizer-se que ela é, em grande parte, obra deles, porquanto a intervenção que tiveram não se limitou aos artigos que trazem assinaturas. São poucos esses artigos, porque apenas apusemos nomes quando isso nos pareceu necessário, para assinalar que algumas citações um tanto extensas provieram deles textualmente. A não ser assim, houvéramos de citá-los quase que em todas as páginas, especialmente em seguida a todas as respostas dadas às perguntas que lhes foram feitas, o que se nos afigurou de nenhuma utilidade. Os nomes, como se sabe, importam pouco, em tais assuntos. O essencial é que o conjunto do trabalho corresponda ao fim que colimamos. O acolhimento dado à primeira edição, posto que imperfeita, faz-nos esperar que a presente não encontre menos receptividade.[41]

---

[41] KARDEC, Allan. **Livro dos médiuns**. Obra disponível em: <http://www.autoresespiritasclassicos.com/Allan%20Kardec/O%20Livro%20dos%20Mediuns/Allan%20Kardec%20-%20O%20Livro%20dos%20Mediuns.pdf> p. 16 e 17.

Estrutura de O livro dos médiuns

PRIMEIRA PARTE.

Capítulo I: Há Espíritos?

Capítulo II: Do Maravilhoso e do Sobrenatural.

Capítulo III: Do Método.

- ✓ De que modo se deve proceder com os materialistas.
- ✓ Materialistas por sistema: materialistas que o são por falta de coisa melhor.
- ✓ Incrédulos por ignorância, por má vontade, por interesse e má-fé, por pusilanimidade, por escrúpulos religiosos, por efeito de decepções.
- ✓ Três classes de espíritas: espíritas experimentadores, espíritas imperfeitos, espíritas cristãos ou verdadeiros espíritas.
- ✓ Ordem a que devem obedecer os estudos espíritas.

Capítulo IV: Dos sistemas.

- ✓ Exame dos diferentes modos por que o Espiritismo é encarado.
- ✓ Sistemas de negação: do charlatanismo, da loucura, da alucinação, do músculo estalante, das causas físicas, do reflexo.
- ✓ Sistemas de afirmação; sistema da alma coletiva; sistema do *id*; sistema sonambúlico; pessimista; sistema diabólico ou demoníaco; sistema otimista; sistema unispírita; sistema multispírita ou polispírita; sistema da alma material.

SEGUNDA PARTE

Capítulo I: Da ação dos Espíritos sobre a matéria.

Capítulo II: Das manifestações físicas. Das mesas girantes.

Capítulo III: Das manifestações inteligentes.

Capítulo IV: Da teoria das manifestações físicas

- ✓ Movimentos e suspensões.
- ✓ Ruídos.
- ✓ Aumento e diminuição do peso dos corpos.

Capítulo V: Das manifestações físicas espontâneas

- ✓ Ruídos, barulhos e perturbações.
- ✓ Arremesso de objetos.
- ✓ Fenômeno de Transporte.
- ✓ Dissertação de um espírito sobre os transportes.

Capítulo VI: Das manifestações visuais.

- ✓ Noções sobre as aparições.
- ✓ Ensaio teórico sobre aparições.
- ✓ Espíritos glóbulos.
- ✓ Teoria da alucinação.

Capítulo VII: Da bicorporeidade e da transfiguração.

- ✓ Aparições de Espíritos de pessoas vivas.
- ✓ Homens duplos.
- ✓ Santo Afonso de Liguori e Santo Antônio de Pádua.
- ✓ Vespasiano.
- ✓ Transfiguração.
- ✓ Invisibilidade.

Capítulo VIII: Do laboratório do mundo invisível.

- ✓ Vestuário dos Espíritos.
- ✓ Formação espontânea de objetos tangíveis.

- ✓ Modificações das propriedades da matéria.
- ✓ Ação magnética curadora.

Capítulo IX: Dos lugares assombrados.

Capítulo X: Da natureza das comunicações.

- ✓ Comunicações grosseiras, frívolas, sérias e instrutivas.

Capítulo XI: Da sematologia e da tiptologia.

- ✓ Linguagem dos sinais e das pancadas.
- ✓ Tiptologia alfabética.

Capítulo XII: Da pneumatografia ou escrita direta. Da pneumatofonia.

Capítulo XIII: Da Psicografia.

- ✓ Psicografia indireta: cestas e pranchetas.
- ✓ Psicografia direta ou manual.

Capítulo XIV: Dos Médiuns.

- ✓ Médiuns de efeitos físicos.
- ✓ Pessoas elétricas.
- ✓ Médiuns sensitivos ou impressionáveis.
- ✓ Médiuns audientes.
- ✓ Médiuns falantes.
- ✓ Médiuns videntes.
- ✓ Médiuns sonambúlicos.
- ✓ Médiuns curadores.
- ✓ Médiuns pneumatógrafos.

Capítulo XV: Dos Médiuns escreventes ou psicógrafos.

- ✓ Médiuns mecânicos.

- ✓ Médiuns intuitivos.
- ✓ Médiuns semimecânicos.
- ✓ Médiuns inspirados ou involuntários.
- ✓ Médiuns de pressentimentos.

Capítulo XVI: Dos médiuns especiais.

- ✓ Aptidões especiais dos médiuns.
- ✓ Quadro sinóptico das diferentes espécies de médiuns.

Capítulo XVII: Da formação dos médiuns

- ✓ Desenvolvimento da mediunidade.
- ✓ Mudança de caligrafia.
- ✓ Perda e suspensão da mediunidade.

Capítulo VIII: Dos inconvenientes e perigos da Mediunidade.

- ✓ Influência do exercício da mediunidade sobre a saúde.
- ✓ Sobre o cérebro.
- ✓ Sobre as crianças.

Capítulo XIX: Do Papel dos médiuns nas comunicações espíritas.

- ✓ Influência do espírito do médium.
- ✓ Sistema dos médiuns inertes.
- ✓ Aptidão de certos médiuns para coisas de que nada conhecem: línguas música, desenho, etc.
- ✓ Dissertação de um Espírito sobre o papel dos médiuns.

Capítulo XX: Da Influência do Médium.

- ✓ Questões diversas.
- ✓ Dissertação de um espírito sobre a influência moral.

Capítulo XXI: Da influência do meio.

Capítulo XXII: Da mediunidade nos animais.

Capítulo XXIII: Da obsessão.

- ✓ Obsessão simples.
- ✓ Fascinação.
- ✓ Subjugação.
- ✓ Causas da obsessão.
- ✓ Meios de a combater.

Capítulo XXIV: Da identidade dos Espíritos.

- ✓ Provas possíveis de identidade.
- ✓ Modo de se distinguirem os bons e os maus Espíritos.
- ✓ Questões sobre a natureza e identidade dos Espíritos.

Capítulo XXV: Das evocações.

- ✓ Considerações gerais.
- ✓ Espíritos que se podem evocar.
- ✓ Linguagem que se deve usar com os espíritos.
- ✓ Utilidade das evocações particulares.
- ✓ Questões sobre as evocações.
- ✓ Evocação de animais.
- ✓ Evocação de pessoas vivas.
- ✓ Telegrafia humana.

Capítulo XXVI: Das perguntas que se podem fazer aos Espíritos.

- ✓ Observações preliminares.
- ✓ Perguntas simpáticas ou antipáticas aos Espíritos.
- ✓ Perguntas sobre o futuro.
- ✓ Perguntas sobre as existências passadas e vindouras.

- ✓ Perguntas sobre interesses morais e materiais.
- ✓ Perguntas sobre a sorte dos Espíritos.
- ✓ Perguntas sobre a saúde.
- ✓ Perguntas sobre as invenções e descobertas.
- ✓ Perguntas sobre os tesouros ocultos.
- ✓ Perguntas sobre outros mundos.

Capítulo XXVII: Das contradições e das mistificações.

Capítulo XXVIII: Do Charlatanismo e dos embustes.

- ✓ Médiuns interesseiros.
- ✓ Fraudes espíritas.

Capítulo XXIX: Das reuniões e das Sociedades Espíritas.

- ✓ Das reuniões em geral.
- ✓ Das Sociedades propriamente ditas.
- ✓ Assuntos de estudo.
- ✓ Rivalidade entre as Sociedades.

Capítulo XXX: Regulamento da Sociedade Parisiense de Estudos Espíritas.

Capítulo XXXI: Dissertações espíritas.

- ✓ Acerca do Espiritismo.
- ✓ Sobre os médiuns.
- ✓ Sobre as Sociedades espíritas.
- ✓ Comunicações apócrifas.

Capítulo XXXII: Vocabulário Espírita.

De posse desse sumário do livro, já podemos ter uma ideia de seu conteúdo: na primeira parte, estudam-se dois pontos fundamentais em se tratando de uma ciência: o objeto e o método. Assim, Kardec optará por abrir sua obra com uma pergunta: Há espíritos? Havendo, é possível entrar em comunicação com eles? Depois de ter respondido essas duas perguntas de um modo positivo, resta discutir o método, ou seja, como é possível comunicar-se com os espíritos. Em terceiro lugar, examinam-se os meios que o Codificador divide em sistemas negativos e afirmativos.

Na segunda parte, Kardec se dedicará ao desenvolvimento das ideias principais da Doutrina dos Espíritos. Seguem-se 32 capítulos sobre os mais diversos aspectos da mediunidade e, por consequência, da manifestação dos espíritos. O último capítulo é particularmente interessante, uma vez que está dedicado a questões semânticas. Quando se cria uma ciência nova, torna-se necessário que gere também um conjunto de palavras em virtude de conceitos inovadores que necessariamente surgirão. Tomamos aqui a liberdade de reproduzir o vocabulário espírita constante de **O livro dos médiuns**.[42]

AGÊNERE – Esta palavra deriva do grego *geiné*, do verbo *genomai*, que significa *gerar*, antecedido do prefixo *a*, que tem o sentido de *privação*, *negação*, como em *agnóstico* (o que não se preocupa

[42] Queremos deixar claro que ampliaremos, sempre que possível, alguns desses termos com o objetivo de dar ao leitor mais informações sobre estas palavras.

em saber algo) ou *Ateu* (o que não crê em Deus) ou ainda *átomo* (o que não pode sofrer divisões). Assim, a palavra *agênere* terá o sentido de *aquilo que não foi gerado*. Em termo rigorosamente espírita, chama-se *agênere, uma modalidade de aparição tangível*; estado de certos espíritos, quando, temporariamente, se revestem da forma de uma pessoa viva, a ponto de produzir total ilusão.

BATEDOR – Este termo pertence à língua portuguesa, é formado do radical do verbo *bater* mais o sufixo *dor*, que significa *agente de uma ação*, como *comprador* (aquele que compra), ou *vendedor* (aquele que vende). Assim, o termo *batedor* quer dizer *aquele que bate* e se refere ao *espírito que anuncia a sua presença por meio de ruídos e pancadas de natureza diversa*. Em língua alemã, esses espíritos são chamados *poltergeist*.

ERRATICIDADE – Há, em nossa língua, dois verbos homônimos homofonógrafos, ou perfeitos: *errar* e *errar*. O primeiro tem o sentido de *enganar-se, fazer o que não é correto* e o segundo significa *vagar, andar sem destino*. O Espiritismo, retoma essa palavra e lhe dá um novo sentido. *Errar*, do ponto de vista espírita, tem o sentido de *estar na erraticidade*, isto é, *estado em que o desencarnado fica entre uma encarnação e outra*. Não significa que os espíritos, na erraticidade, estão ou são errados, pois, mesmo um bom espírito, se não estiver encarnado é considerado como estando em erraticidade.

ESPÍRITA – É um adjetivo que determina tanto o homem como a mulher que se dedica ao estudo do Espiritismo e que acredita, basicamente, na comunicação dos espíritos e nas vidas sucessivas.

ESPIRITISMO – Essa palavra é formada de *espírito* (entidade não material que imprime ao corpo movimento, inteligência e emoções) + *ismo*, sufixo formador de substantivos, *que tem o sentido* *de doutrina ou sistema de crenças*, como se pode ver: *Budismo* (doutrina de Buda); *Marxismo* (Doutrina de Karl Marx) e *Politeísmo* (crença em vários deuses). Assim, podemos definir Espiritismo, como sendo a *crença na existência de espíritos e em suas manifestações.*

ESPIRITISTA – Termo formado de *Espírito* + *ista* (variante de *ismo*, e forma adjetivos como *comunista, budista, propagandista*). Essa palavra foi utilizada nos primórdios do Espiritismo, para designar os participantes da Doutrina Espírita, porém, o uso cristalizou o termo *espírita*.

ESPÍRITO – Deriva do latim *Spiritus* e é um equivalente ao grego *pneuma*, que significa *ar*. No sentido especial que a nossa doutrina dá a essa palavra, tem o sentido de: *Seres inteligentes da criação que povoam o Universo, fora do mundo material.* Constituem o mundo invisível. Não são os espíritos originários de uma criação especial, mas almas dos que já viveram na Terra ou nas outras esferas e que deixaram o invólucro carnal.

ESPIRITUALISMO – Palavra formada de *espiritual* + *ismo*. É a crença oposta ao Materialismo, pois acredita na existência de um princípio espiritual diferente da matéria e que a esta sobrevive. O Espiritualismo é a base de todas as religiões. O que professa essa filosofia é chamado *espiritualista*, uma vez que acredita que o homem seja formado de matéria (corpo) e espírito. Não se deve confundir espírita com espiritualista, uma vez que todo espírita é espiritualista, mas nem todo espiritualista é espírita. Assim, católicos e evangélicos são espiritualistas e não espíritas.

ESTEREÓTIPO – Esse termo tem a sua origem no grego *stereo* que significa *sólido*. Desse modo, devemos aplicar esse termo para designar as *aparições tangíveis*.

MEDIANÍMICO – Aqui temos: *médium* (meio) + *anímico* (relativo à alma ou anima, que quer dizer movimento). Com esse termo, a Doutrina Espírita designa a qualidade da força do médium. Também se diz *faculdade medianímica*.

MEDIANIMIDADE – Faculdade própria dos médiuns. Pode ser usada como sinônimo de mediunidade. Embora sejam sinônimos, não são perfeitos, uma vez que, segundo Allan Kardec teria a seguinte distinção: *mediunidade* possui um sentido mais amplo e geral, enquanto *medianimidade* seria mais restrito. O Codificador nos dá o seguinte exemplo: "Ele possui o dom de mediunidade. – A medianimidade mecânica".[43]

MÉDIUM – Trata-se de uma transposição do latim *medium*, que tem o sentido de *meio, intermediário, aquele que fica entre duas coisas*. No caso específico da Doutrina Espírita, médium é o indivíduo que funciona como intermediário entre o Plano espiritual e o material.

MEDIUNATO – Missão providencial dos médiuns ou mandato mediúnico. A palavra foi criada pelos espíritos, como se pode ver no capítulo XXXI, comunicação 12, de **O livro dos médiuns**.

PERISPÍRITO – A palavra *perispírito* possui dois elementos mórficos: *peri* um prefixo grego, que significa *em torno de*, como se pode ver nas palavras *periscópios, periferia, perímetro*, entre outras e *Spiritus*: sopro, vento ou elemento não material que habita um corpo. Chama-se alma quando está encarnado. Designa o envoltório semimaterial do espírito. Nos encarnados, serve como intermediário entre a alma e a matéria. No caso dos desencarnados errantes, constitui seu corpo fluídico.

---

[43] KARDEC, Allan. **O livro dos médiuns**. Obra disponível em: http://www.espiritismogi.com.br/livrosd.htm. Vocabulário Espírita. p. 485.

PNEUNATOGRAFIA – Vocábulo formado de dois elementos gregos: *pneuma* (ar, vento ou espírito) e *grapho* que quer dizer: *eu escrevo*. Em termos rigorosamente espíritas, é a escrita direta de um espírito sem o concurso da mão de um médium.

PNEUMATOFONIA – O primeiro elemento desse composto já é nosso conhecido e o segundo *phoné*, significa *voz* ou apenas *som*. Por essa palavra, devemos entender *voz dos espíritos* ou *comunicação oral entre desencarnados e encarnados*. Um caso clássico se encontra no livro de *Êxodo*, quando, pela primeira vez, Moisés se comunica com o Espírito do Sinai.

PSICOGRAFIA E PSICÓGRAFO – A primeira palavra é oriunda do grego *psiké*, que significa, conforme o contexto, *alma* ou *borboleta* e *grapho* (escrevo), indica, portanto, *escrita de um espírito por meio de um médium*. *Psicógrafo*, ou *escrevente*, é aquele que possui a faculdade da psicografia.

REENCARNAÇÃO – Essa palavra é formada dos seguintes elementos mórficos: *Re* (duas vezes, outra vez, para trás) + *carne* (com sentido de matéria ou corpo) + ação (sufixo formador de substantivos). Significa, portanto, *voltar a entrar na carne* (corpo), renascer.

SEMATOLOGIA – Formada de *sema* (sinal, sentido) + *log* (palavra, verbo, discurso sobre) + *ia* (sufixo formador de substantivos). Significa *ciência dos sinais, comunicação não-verbal* ou ainda, *comunicação dos espíritos através do movimento dos corpos inertes*.

TIPTOLOGIA – Termo formado de dois elementos gregos: *tipto* (eu bato) + *log* (discurso) + *ia* (sufixo). No universo semântico do Espiritismo, quer dizer *linguagem de pancadas ou batidas*. Esse método foi empregado com grande sucesso nos fenômenos de Hysdeville, que chamaram a atenção do mundo para a existência da dimensão espiritual e da possibilidade de comunicação entre os dois planos. O médium apto a produzir esse fenômeno é chamado *tiptólogo*.

A GÊNESE SEGUNDO O ESPIRITISMO

Esse livro foi publicado em Paris, em janeiro de 1868 e é, de nosso ponto de vista, um texto que procura exaltar a ciência em seus mais diversos aspectos, colocando-a, não como uma opositora da religião, como o Catolicismo o fez no passado, mas como uma auxiliar, cujas contribuições por inestimáveis, não devem ser desprezadas pelos religiosos. Vamos, em seguida, examinar a sua estrutura:

Introdução

Capítulo I - Caráter da revelação espírita.

Capítulo II - A Existência de Deus.

- ✓ Da natureza divina.
- ✓ A Providência.
- ✓ A visão de Deus.

Capítulo III - O bem e o mal. Origem do bem e do mal.

- ✓ O instinto e a inteligência.
- ✓ Destruição dos seres vivos uns pelos outros.

Capítulo IV - Papel da Ciência na Gênese.

Capítulo V - Antigos e modernos sistemas de mundo.

Capítulo VI - Uranografia Geral. O espaço e o tempo.

- ✓ A Matéria.
- ✓ As leis e as forças.
- ✓ A criação primária.
- ✓ A criação universal.
- ✓ Os sóis e os planetas.
- ✓ Os satélites.
- ✓ Os cometas.
- ✓ A Via-Láctea.
- ✓ Os desertos do espaço.
- ✓ A eterna sucessão dos mundos.
- ✓ A vida universal.
- ✓ Diversidade dos mundos.

Capítulo VII - Esboço geológico da Terra. Períodos geológicos.

- ✓ Estado primitivo do globo.
- ✓ Período primário.
- ✓ Período de transição.
- ✓ Período secundário.
- ✓ Período terciário.
- ✓ Período diluviano.
- ✓ Período pós-diluviano ou atual. Nascimento do homem.

Capítulo VIII. Teorias sobre a formação da Terra. Teoria da projeção.

- ✓ Teoria da condensação.
- ✓ Teoria da incrustação.
- ✓ Alma da Terra.

Capítulo IX - Revolução do globo. Revoluções gerais ou parciais.

- ✓ Idade das Montanhas.
- ✓ Dilúvio bíblico.
- ✓ Revoluções periódicas.
- ✓ Cataclismos futuros.
- ✓ Aumento ou diminuição do volume da Terra.

Capítulo X - Gênese orgânica. Formação primária dos seres vivos.

- ✓ Princípio vital.
- ✓ Geração espontânea.
- ✓ Escala dos seres orgânicos.
- ✓ O homem corpóreo.

Capítulo XI: Gênese espiritual - Princípio espiritual.

- ✓ União do princípio espiritual à matéria.
- ✓ Hipótese sobre a origem do corpo humano.
- ✓ Encarnação dos Espíritos.
- ✓ Reencarnações.
- ✓ Emigrações e imigrações de Espíritos.
- ✓ Raça adâmica.
- ✓ Doutrina dos anjos decaídos e da perda do paraíso.

Capítulo XII - Gênese Mosaica. Os seis dias.

- ✓ Perda do paraíso

Capítulo XIII - Caracteres dos milagres. Os milagres no sentido teológico.

- ✓ O Espiritismo não faz milagres.
- ✓ Faz Deus milagres?

- ✓ O sobrenatural e as religiões.

Capítulo XIV - Os fluidos.

1 - Natureza e propriedade dos fluidos.

- ✓ Elementos fluídicos.
- ✓ Formação e propriedade do perispírito.
- ✓ Ação dos Espíritos sobre os fluidos.
- ✓ Criações fluídicas.
- ✓ Fotografia do pensamento.
- ✓ Qualidades dos fluidos.

2 - Explicação de alguns fenômenos considerados sobrenaturais.

- ✓ Vista espiritual ou psíquica.
- ✓ Dupla vista.
- ✓ Sonambulismo.
- ✓ Sonhos
- ✓ Catalepsia. Ressurreição.
- ✓ Curas.
- ✓ Aparições. Transfigurações.
- ✓ Manifestações físicas. Mediunidade.
- ✓ Obsessão e possessões.

Capítulo XV - Os milagres do Evangelho. Superioridade da natureza de Jesus.

- ✓ Sonhos.
- ✓ Estrela dos magos.
- ✓ Dupla vista.

Entrada de Jesus em Jerusalém.
Beijo de Judas. A Pesca milagrosa.

Vocação de Pedro, André, Tiago, João e Mateus.

- ✓ Curas.

Perda de sangue.
Cego de Betsaida. O paralítico.
Os dez leprosos.
Mão seca
A mulher curvada.
O paralítico da piscina.
Cego de nascença.
Numerosas curas operadas por Jesus.
Possessos.
Ressurreições.
A filha de Jairo.
O filho da viúva de Naim.

- ✓ Jesus caminha sobre a água.
- ✓ Transfiguração.
- ✓ Tempestade aplacada. Bodas de Canaã.
- ✓ Multiplicação dos pães.
- ✓ O fermento dos fariseus. O pão do céu.
- ✓ A tentação de Jesus.
- ✓ Prodígios por ocasião da morte de Jesus.
- ✓ Aparição de Jesus depois de sua morte.
- ✓ Desaparecimento do corpo de Jesus.

As Predições

Capítulo XVI - Teoria da presciência.

Capítulo XVII - Predições do Evangelho. Ninguém é profeta em sua terra.

- ✓ Morte e paixão de Jesus.
- ✓ Perseguição aos apóstolos.
- ✓ Cidades importantes. Ruína do templo e de Jerusalém.

- ✓ Maldição contra os fariseus.
- ✓ Minhas palavras não passarão.
- ✓ A pedra angular.
- ✓ Parábola dos vinhateiros homicidas.
- ✓ Um só rebanho e um só pastor.
- ✓ Advento do Elias.
- ✓ Anunciação do Consolador.
- ✓ Segundo advento do Cristo.
- ✓ Sinais precursores.
- ✓ Vossos filhos e vossas filhas profetizarão.
- ✓ Juízo final.

Capítulo XVII - São chegados os tempos. Sinais dos tempos.

- ✓ Geração nova.

Agora já podemos fazer algumas considerações sobre essa obra notável. Na introdução, Allan Kardec informa ao leitor que o novo texto trata das consequências e aplicações do conhecimento espírita. Essa informação já nos deixa à vontade para considerar **A gênese** como um livro relacionado, bem de perto, com o saber científico e, em um sentido muito amplo, com um saber tecnológico; ou seja, se discute, além de um saber em si mesmo, também o fazer. A obra pretende estudar três aspectos do conhecimento religioso que, até a época, eram diversamente interpretados: a gênese, os milagres e as predições; em suas relações com as novas leis decorrentes da observação dos fenômenos espíritas. Aqui, temos mais duas expressões importantes: *novas leis* e *observações dos fenômenos,* ambas as terminologias relacionadas ao método científico.

Kardec prossegue colocando uma questão fundamental para a compreensão do saber espírita. Diz ele: "Dois elementos, ou, se quiserem, duas forças regem o Universo: elemento espiritual e o elemento material".[44] Dessa dualidade nascem fenômenos especiais que seriam inexplicáveis sem o concurso de um membro desse binômio. Assim, como ressalta Kardec, a formação atômica da água seria inexplicável se eliminarmos um de seus componentes: o oxigênio ou o hidrogênio.

Uma das funções da ciência é a demonstração. É nesse sentido que a ciência é reveladora das leis naturais, uma vez que descobre, apresenta e demonstra, na prática, sua validade. Assim, coube à ciência espírita revelar a existência do mundo fora da matéria e suas relações com o mundo físico. Com a introdução do conhecimento da espiritualidade no saber convencional, uma grande quantidade de fenômenos inexplicados pela ciência tradicional foi aclarada. Esses fatos, rebeldes à classificação do saber científico materialista, foram considerados, por muito tempo, como sobrenaturais e, portanto, inexistentes como realidades objetivas. Essa atitude foi comum nas religiões e, nas chamadas

---

[44] KARDEC, Allan. A gênese. Obra disponível em: <http://evangelhonolar.com/A_Genese.pdf>. p.9.

Sagradas Escrituras, há uma grande quantidade de fenômenos dessa natureza. Aqui, se estabelece um espaço de oposição entre a religião e a ciência materialista. A primeira, afirmando que Deus pode fazer qualquer coisa, ainda que para fazê-las, derrogue as leis naturais; a segunda, eliminando Deus como causa desses fenômenos, limita-se a negar a transcendentalidade de sua causa, buscando explicações na própria matéria.

O Espiritismo ocupa, nesse contexto, um papel fundamental, pois nega a explicação religiosa desses fenômenos, por um lado, e por outro, inclui a ideia de Deus na tese científica. Conforme essa filosofia, a ciência e a religião não são instâncias opostas, mas complementares. As leis naturais, que têm sido objeto da ciência materialista, não são criações do acaso, mas do próprio Deus. Desse modo, mesmo a ciência, quando busca essas leis, está, em verdade e sem o saber, buscando Deus.

Infelizmente, comenta Allan Kardec: as religiões que deveriam ser instrumentos de libertação do homem têm se tornado, através dos tempos, um instrumento de dominação. Líderes religiosos, com o intuito claro de alienar as massas, trabalham com o mito e utilizam seu poder simbólico para sustentar crenças falsas. Assim vão se servindo da religião (e não servindo à religião) para tirar vantagens pessoais. Aqui, cumpre lembrar a afirmação evangélica de que, no final dos tempos, levantar-se-ão falsos Cristos e falsos profetas.

O caráter fundamental da Doutrina Espírita, em relação à ciência, encontra-se afirmado em uma passagem de Kardec, em **A gênese**. Vejamos:

> Por sua natureza, a revelação espírita tem duplo caráter: participa ao mesmo tempo da revelação divina e da revelação científica. Participa da primeira, porque foi providencial o seu aparecimento e não o resultado da iniciativa, nem de um desígnio premeditado do homem; porque os pontos fundamentais da doutrina provêm do ensino que deram os Espíritos encarregados por Deus de esclarecer os homens acerca de coisas que eles ignoravam, que não podiam aprender por si mesmos e que lhes importa conhecer, hoje que estão aptos a compreendê-las. Participa da segunda, por não ser esse ensino privilégio de indivíduo algum, mas ministrado a todos do mesmo modo; por não serem os que o transmitem e os que o recebem seres passivos, dispensados do trabalho da observação e da pesquisa, por não renunciarem ao raciocínio e ao livre-arbítrio; porque não lhes é interdito o exame, mas, ao contrário, recomendado; enfim, porque a doutrina não foi ditada completa, nem imposta à crença cega; porque é deduzida, pelo trabalho do homem, da observação dos fatos que os Espíritos lhe põem sob os olhos e das instruções que lhe dão, instruções que ele estuda, comenta, compara, a fim de tirar ele próprio as ilações e aplicações. Numa palavra, o que caracteriza a revelação espírita é o ser divina

> a sua origem e da iniciativa dos Espíritos, sendo a sua elaboração fruto do trabalho do homem.[45]

Em continuidade, o Codificador chama a atenção do leitor para a forte analogia metodológica entre o Espiritismo e as Ciências Naturais[46], uma vez que ambos se valem do método experimental[47]. Como se comporta o Espiritismo, ante a um fato novo não explicado pelas leis conhecidas? Inicialmente, ele não nega o fato. Em lugar disso, ele os observa, analisa e remonta do efeito à causa, chega à lei que o rege; mas não para aí, deduz-lhe as consequências e busca o modo de aplicá-las utilmente.

É normal que cientistas inexperientes, ou mal intencionados, frente a um fato novo, tentem enquadrá-lo em seu modelo teórico e, se o fato é rebelde a esse enquadramento, ele é negado. O Espiritismo, entretanto, não age assim. Por exemplo, não estabeleceu nenhuma teoria preconcebida. Frente ao fenômeno das mesas girantes, Kardec não apresentou a hipótese de que espíritos desencarnados seriam responsáveis pelo movimento em questão. Do mesmo modo, ante a um caso de suposta reencarnação, o Espiritismo não

---

[45] KARDEC, Allan. A gênese. Obra disponível em: <http://evangelhonolar.com/A_Genese.pdf>. Cap. I. p. 19 e 20.

[46] Ciências Naturais: são chamadas assim a Física, a Química, a Biologia, a Geologia, a Astronomia. A matemática não é exatamente uma ciência, mas um instrumento precioso de que se valem as ciências citadas.

[47] Método indutivo: possui as seguintes etapas: observação, hipótese, experimentação e lei.

opta imediatamente por essa possibilidade, em verdade, ela é a última que só é utilizada quando todas as outras respostas se mostram incapazes de resolver o problema. Um verdadeiro espírita, ao ouvir um barulho estranho em sua casa, não diz logo: "há um espírito aqui". Em vez disso, ele observa o local exaustivamente, buscando outras fontes possíveis do barulho, e só depois examina a possibilidade de o ruído ter sido feito por uma inteligência externa.

Escrevendo sobre esta característica da Doutrina dos Espíritos, anota Allan Kardec:

> Passa-se no mundo dos Espíritos um fato muito singular, de que seguramente ninguém houvera suspeitado: o de haver Espíritos que se não consideram mortos. Pois bem, os Espíritos superiores, que conhecem perfeitamente esse fato, não vieram dizer antecipadamente: Há Espíritos que julgam viver ainda a vida terrestre, que conservam seus gostos, costumes e instintos.
>
> Provocaram a manifestação de Espíritos desta categoria para que os observássemos. Tendo-se visto Espíritos incertos quanto ao seu estado, ou afirmando ainda serem deste mundo, julgando-se aplicados às suas ocupações ordinárias, deduziu-se a regra. A multiplicidade de fatos análogos demonstrou que o caso não era excepcional, que constituía uma das fases da vida espírita; pode-se então estudar todas as variedades e as causas de tão singular ilusão, reconhecer que tal situação é

> sobretudo própria de Espíritos pouco adiantados moralmente e peculiar a certos gêneros de morte; que é temporária, podendo, todavia, durar semanas, meses e anos. Foi assim que a teoria nasceu da observação. O mesmo se deu com relação a todos os outros princípios da doutrina.
>
> Assim como a Ciência propriamente dita tem por objeto o estudo das leis do princípio material, o objeto especial do Espiritismo é o conhecimento das leis do princípio espiritual. Ora, como este último princípio é uma das forças da Natureza, a reagir incessantemente sobre o princípio material e reciprocamente, segue-se que o conhecimento de um não pode estar completo sem o conhecimento do outro. O Espiritismo e a Ciência se completam reciprocamente; a Ciência, sem o Espiritismo, se acha na impossibilidade de explicar certos fenômenos só pelas leis da matéria; ao Espiritismo, sem a Ciência, faltariam apoio e comprovação. O estudo das leis da matéria tinha que preceder o da espiritualidade, porque a matéria é que primeiro fere os sentidos. Se o Espiritismo tivesse vindo antes das descobertas científicas, teria abortado, como tudo quanto surge antes do tempo.[48]

Colocadas essas questões, Allan Kardec estabelece um profundo vínculo entre a ciência e a religião espírita. Trata-se de uma associação com vantagens

---

[48] KARDEC, Allan. **A gênese**. Obra disponível em: <http://evangelhonolar.com/A_Genese.pdf> Cap. I. p.21.

mútuas: a ciência sem o Espiritismo ficaria impossibilitada de explicar certos fenômenos, contando apenas com as leis materiais; por outro lado, o Espiritismo sem a ciência não teria apoio e comprovação objetiva. Ficando, assim, na mesma condição das religiões tradicionais que, não explicando esse tipo de fenômeno, alberga-o sob o manto do mistério, das coisas que não são dadas ao homem compreender.

Como se sabe, desde os antigos gregos buscou-se um princípio primeiro do qual toda a matéria resultaria. Um pensador, Empédocles de Agriento, chegou à conclusão de que os princípios elementares eram quatro: a terra, o ar, a água e o fogo. A ciência moderna abandonou esse modelo e reduziu os quatro elementos a apenas um elemento gerador de todas as coisas e das transformações da matéria: o átomo, como quantidade mínima de matéria. O elemento físico, contudo, é inerte e carece de verdadeira vida e de pensamento. O Espiritismo não nega, de modo algum, a matéria, mas não a considera a única fonte da vida e inclui nesse contexto o espírito que incute pensamento no plano material, o que nos faz pensar na *res extensa* (matéria) e na *res cogitans* (espírito) do pensamento cartesiano. O Espiritismo defende a tese da interdependência entre espírito e matéria. O primeiro é responsável pelos pensamentos e emoções, e a segunda é o suporte para que aquele possa se manifestar em cada mundo onde exista.

Desde sua origem, em virtude da ignorância, do preconceito e da má fé, o Espiritismo tem sido associado à magia, à feitiçaria e mesmo ao Satanismo. A razão para isso é que, no passado, sempre houve manifestações mediúnicas das mais variadas e poderosas. Espíritos eram vistos e atuavam com grande frequência, como nos demonstram as páginas da Bíblia e autores antigos como Heródoto, Plutarco, Cícero, Plínio e os trágicos gregos, entre outros; seres humanos se projetavam à distância ou tinham dupla vista; feiticeiras curavam através de erva ou matavam por meio de filtros misteriosos, ou utilizando espíritos inferiores. Se tais coisas aconteciam dentro da Igreja, com e entre seus mais ilustres membros, tais fenômenos eram tidos como *milagres*, mas ao acontecer fora da Instituição, eram considerados como *artes do diabo*.

Com o advento do Espiritismo e o perigo que representava para as crenças tradicionais, as lideranças religiosas utilizaram a estratégia de colocar todas as coisas em um mesmo saco, misturando a mediunidade com a bruxaria, a fim de, pelo medo, espantar as pessoas do Espiritismo. O interessante é que Allan Kardec não vê a magia e a bruxaria com preconceito, mas como pioneiras dos assuntos hoje tratados pelo Espiritismo, como, por exemplo, a Alquimia, em relação à Química atual. Vamos ler o próprio Codificador:

> O mesmo se dá com o Espiritismo, relativamente à magia e à feitiçaria, que se apoiavam também na manifestação dos Espíritos, como a Astrologia no movimento dos astros; mas, ignorantes das leis

> que regem o mundo espiritual, misturavam, com essas relações, práticas e crenças ridículas, com as quais o moderno Espiritismo, fruto da experiência e da observação, acabou. Certamente, a distância que separa o Espiritismo da magia e da feitiçaria é maior do que a que existe entre a Astronomia e a Astrologia, a Química e a Alquimia. Confundi-las é provar que de nenhuma se sabe patavina.[49]

Esse laço que o Espiritismo estabelece entre a fé e a ciência é, sem maiores dúvidas, um diferencial em relação às outras religiosidades. Durante muito tempo, escudada no dogma, a religião buscou impedir o progresso da ciência, e muitos homens de grande saber se viram forçados a se retratar ante o Tribunal da Santa Inquisição, ou, por esse mesmo processo, foram condenados à morte, mesmo depois de terem se retratado. O Espiritismo termina com essa fase obscurantista e, não só aceita a ciência, como a considera outro modo de se caminhar para Deus.

O Espiritismo, como ciência experimental, estudou as propriedades do fluido universal e, principalmente, sua ação sobre a matéria, assunto que nem a religião nem a ciência haviam abordado antes. Demonstrou ainda a existência do perispírito ou corpo fluídico, que já era conhecido na Antiguidade, mas de um modo vago e impreciso. A ciência espírita

---

[49] KARDEC, Allan. **A gênese**. Obra disponível em: <http://evangelhonolar.com/A_Genese.pdf>. Cap. I. p. 23.

revelou metodicamente que o perispírito é o invólucro do espírito encarnado (alma), veículo de transmissão para o pensamento e, durante a vida do corpo, serve de laço entre o espírito e a matéria. Assim, tal corpo fluídico exerce um papel muito importante no organismo animal e, em um grande número de afecções, que tem relações tanto com a fisiologia como com a Psicologia.

Sem grande sombra de dúvida, a Doutrina dos Espíritos, estudando as propriedades do perispírito, as características e funções do fluido espiritual e a fisiologia anímica, abriu novos e consideráveis horizontes à ciência materialista, embora esta não tenha ainda tomado a menor consciência da contribuição. O Espiritismo oferece a chave para que se entenda uma grande quantidade de fenômenos, que até então não eram compreendidos, em razão da ignorância das leis que os regem. Assim, durante muitos anos, tais eventos foram considerados como milagres, ou como simples embustes, e, portanto, indignos da atenção dos cientistas. Estão nesse caso: a dupla vista, a bicorporeidade, o sonambulismo, a catalepsia, a telepatia, a psicofonia, a psicografia, entre outros. O Espiritismo mostrou, com argumentos e fatos, que esses fenômenos não são sobrenaturais (fora da natureza), mas regidos por leis naturais que não eram antes conhecidas. Com isso, pôs fim ao império do sobrenatural, do fantástico e do maravilhoso que durou tanto tempo e ainda resiste nas religiões tradicionais e no imaginário popular.

Um espaço que se considerava ideal para o sobrenatural viver e se manifestar era, principalmente, a **Bíblia**, tanto no *Velho*, quanto no *Novo Testamento*. Muitas coisas que Jesus fez e disse, pareciam ser uma espécie de *nonsense* que, por isso, eram chamados de *mistérios* ou *milagres*. A leitura do Evangelho, por exemplo, à luz do Espiritismo, elucida e esclarece diversos pontos do ensino do Cristo, e muitas das coisas que ele fez. Visto através das lentes da Doutrina Espírita, Jesus deixa de ser o próprio Deus encarnado, e se torna um espírito de enorme evolução que possui notáveis conhecimentos e, por isso, realizava coisas que nós não entendemos, em razão de nosso estado evolutivo.

Kardec lembra, em **A gênese**, que nenhuma ciência nasce adulta, como Minerva da cabeça de Júpiter, e muito menos pode ter origem na mente de um único homem. Todas as ciências, quer sejam naturais, humanas ou sociais são resultado de uma lenta elaboração. Elas crescem à medida que a cultura em que estão inseridas se desenvolve, que novas descobertas são feitas e leis formuladas para explicar fatos inovadores. Todas partiram sempre de um fato conhecido para chegar ao desconhecido.

O Espiritismo não é uma exceção; daí ser gradativo o ensinamento que ministra. Os estudiosos espíritas não enfrentam questões de modo açodado. Devem lidar com as perguntas, apenas quando os princípios fundamentais, nos quais se apóiam, estejam suficientemente elaborados e amadurecidos. Quando um estudioso espírita violenta a regra que acabamos de ver, os resultados não têm sido bons. Nesse caso, é melhor andar devagar, mas com segurança, do que se apressar e se perder no emaranhado das ideias e nas interpretações apressadas dos fenômenos estudados.

Há, entretanto, uma diferença entre o processo de informação e conhecimento do Espiritismo e das ciências materialistas. Sobre essa questão específica, vamos ler um texto de Allan Kardec:

> Entretanto, entre o avanço do Espiritismo e o das ciências, há uma diferença capital: é que estas só atingiram o ponto a que chegaram após longos intervalos de tempo, enquanto que para o Espiritismo foram suficientes alguns anos, se não para alcançar o ponto culminante, pelo menos para acumular um volume de observações bastante grande para formar uma doutrina. Isso se deve à inumerável multidão de espíritos que, por vontade de Deus, se manifestaram simultaneamente, trazendo cada um o contingente dos seus conhecimentos. Resultou daí que todas as partes da Doutrina, ao invés de serem elaboradas sucessivamente durante longos anos, o foram quase que ao mesmo tempo, em apenas poucos, e que bastou reuni-las para que formassem um todo.[50]

---

[50] KARDEC, Allan. **A gênese**. 1. ed. Rio de Janeiro: CELD, 2008. Cap. I, item 54, p. 42.

O plano Espiritual teve o cuidado de evitar que a revelação espírita fosse emanada de um só homem, como já acontecera com outras revelações. Assim, é convocado um grande número de colaboradores, cada um cooperando na medida de suas possibilidades. Desse modo, o Espiritismo ganha em credibilidade, uma vez que um só espírito não poderia possuir uma tão grande soma de conhecimento, encontrada na Doutrina Espírita. Foi, portanto, necessário um grande número de espíritos e médiuns, também diversos, para que a terceira revelação chegasse até nós com a profundidade de conhecimento e coerência conceitual.

Outra característica da Doutrina dos Espíritos, que não se pode deixar de lado, é a seguinte: O Espiritismo apóia-se em fatos concretos, como acontece com as ciências em geral. Isso traz a seguinte consequência: como sempre existem fatos novos, necessariamente o Espiritismo necessita se rever, quando surge um fato até então desconhecido. Ele não é, portanto, um modelo fixo que busca enquadrar o fato à sua "camisa de força sistêmica." Frente ao fato novo, é a Doutrina Espírita que tem de se modificar, pois uma ocorrência será sempre a mesma. É por essa razão que o Espiritismo não possui uma estrutura dogmática.

Tal característica faz com que o Espiritismo, como doutrina, evite estabelecer, como princípio absoluto verdades impostas. Ele só admite como verdade inconteste, aquilo que é demonstrado ou que derive logicamente da observação dos fatos. Além disso, estabelece uma relação de interdependência com todos os ramos da economia social, os quais oferecem suas próprias descobertas e assimilarão, sem orgulho descabido, as contribuições que podem dar à Doutrina, desde que sejam comprovadas cientificamente. Por isso, lembra Allan Kardec:

> *(...) Caminhando com o progresso, o Espiritismo jamais será ultrapassado, porque se novas descobertas lhe demonstrassem que está errado em um determinado ponto, ele se modificaria sobre esse ponto; se uma nova verdade se revela, ele a aceita.*[51] (grifo do autor)

---

[51] KARDEC, Allan. A gênese. 1.ed. Rio de Janeiro: CELD, 2008 Cap. I, item 55, p. 43.

Palavras Finais

Essas foram as dez razões que me impressionaram muito, com respeito ao Espiritismo. É bem provável que outras pessoas escolham outras dez e até mais; eu, porém, fico com essas, não que eu exclua outras. Se, porém, entre as apontadas tivesse que escolher uma, por certo ficaria com o *racionalismo*. Fascina-me o aspecto lógico da Doutrina dos Espíritos, como me incomoda a irracionalidade que se encontra nas outras religiões. Ainda pequeno, no seio da família, quando minha mãe me ensinou a rezar a *Ave-Maria*, eu empacava na frase: "Santa Maria mãe de Deus" Eu não sabia bem o porquê de aquela frase me incomodar, mas era o que ocorria. Quando eu perguntava a minha mãe como era possível que Deus tivesse uma progenitora, e ela me respondia que "aquilo era um *mistério*", outra palavra que me incomodou, e não pouco.

Fui crescendo e descobrindo outros mistérios, de modo que ainda na adolescência, eu havia rompido com a religião de minha família. Mais à frente, sempre lendo muito, descobri o Materialismo e me alistei em suas fileiras, onde permaneci até, mais ou menos, os

24 anos, quando um amigo me pôs em contato com o Espiritismo. Foi aquele um encontro notável. Era a primeira vez que conhecia uma religião sem mistérios, sem mitos, sem lendas, sem milagres, sem longas e cansativas procissões, sem barganhas com os santos e sem livros sagrados. Uma religião que está aberta ao contato com as formas de conhecimento provenientes de outras áreas da cultura humana. Em pouco tempo, eu me tornei espírita convicto e até hoje me esforço para continuar conduzido pela fé, desde que raciocinada, e jamais pelo aspecto negativo ou do fanatismo.

Não fiz grandes progressos morais, porém, ficou provada a mim a necessidade de cuidar também do aspecto da moral cristã, pois, se eu quisesse avançar, não poderia ficar apenas com a filosofia e a ciência. A religião, no sentido de uma atitude ética derivada dos evangelhos, é também um aspecto fundamental do Espiritismo. Gostaria de ressaltar e deixar bem clara essa última posição, a mais difícil de todas, mas tão importante quanto às outras. Fechemos esta conclusão com a frase de Jesus: "Amai vosso próximo como a vós mesmos e a Deus sobre todas as coisas, nisto se resume toda a lei e os profetas." (Mateus, 12: 28-34)

José Carlos Leal

Flamengo. Verão de 2007

Esta obra foi produzida nas
oficinas da Imos Gráfica e Editora na
cidade do Rio de Janeiro